赢在落实

林惠春◎著

北京理工大学出版社
BEIJING INSTITUTE OF TECHNOLOGY PRESS

图书在版编目（CIP）数据

赢在落实／林惠春著. —北京：北京理工大学出版社，2012.7
ISBN 978-7-5640-5983-5

Ⅰ.①赢… Ⅱ.①林… Ⅲ.①企业管理 Ⅳ.①F270

中国版本图书馆CIP数据核字（2012）第107528号

出版发行／北京理工大学出版社

社　　址／北京市海淀区中关村南大街5号

邮　　编／100081

电　　话／（010）68914775（办公室）68944990（批销中心）68911084（读者服务部）

网　　址／http：//www.bitpress.com.cn

经　　销／全国各地新华书店

排　　版／博士德

印　　刷／三河市华晨印务有限公司

开　　本／670毫米×960毫米　1/16

印　　张／14

字　　数／240千字

版　　次／2012年7月第1版　　　2012年7月第1次印刷　　责任校对／周瑞红

定　　价／29.80元　　　　　　　　　　　　　　　　　　　责任印制／边心超

落实不到位，就是天灾人祸

2008年4月28日4时48分，一场近10年来中国铁路行业罕见的列车相撞事故在胶济铁路上瞬间发生，造成70人死亡，416人受伤，给国家和人民生命财产安全造成重大损失。

国务院事故调查组组长、安监总局局长王君说，这是一起典型的责任事故。据他介绍，从初步掌握的情况看，北京至青岛的T195次列车严重超速，在本应限速每小时80公里的路段，实际时速居然达到每小时131公里。

就是因为没有严格落实限速每小时80公里的规定，70条鲜活的生命消逝了，为此付出了代价。

我们多么希望这类事故不再发生，当随后而来的"5·12大地震"到来的时候，整个中国都再一次感受到了生命的珍贵。

天灾过去了，人祸却从未走远！

2011年7月23日，一个平凡而普通的日子，天气预报只是说这一天全国大多数地区有雷阵雨，人们像往常一样上班下班、南来北往、熙熙攘攘。坐在D301与D3115上的乘客甚至已经开始安排各自到达终点后的行程。谁也没有想到，当晚20时34分，两车突然追尾。这就是震惊中外的"7·23动车追尾事件"。这一事件在造成了大量人员伤亡与国家财产损失的同时，也让中国铁道工程企业受到了广泛的质疑……

7月28日，事故发生后的第5天，上海铁路局局长安路生召开新闻发布会说，根据初步掌握的情况分析，"7·23"动车事故原因是温州南站信号设备在设计上存在严重缺陷，遭雷击发生故障后，导致本应显示为红灯的区间信号机错误显示为绿灯。

媒体是这样引述他的话的：他在分析铁路部门的问题时说，在雷击造成温州南站信号设备故障后，电务值班人员没有意识到信号可能错误显示，安全意识敏感性不强；温州南站值班人员对新设备关键部位性能不了解，没能及时有效发现和处置设备问题，暴露出铁路部门对职工的教育培训不到位。

在安路生所陈述的这一切问题的背后，我们不难发现，这一灾难完全是由落实不到位造成的。如果是真的天灾，我们无话可说。可是这却是纯粹的人祸，我们怎么能趾高气扬地说原因在于"雷击"？每次安全事故之后，我们总是习惯于去假设，假设不这样、不那样，于是事故就没有发生。可是这些假设有意义吗？

不仅仅是这些给人们带来巨大灾难的安全事故，在很多企业的成败兴衰中，我们也不难发现，在战略完美得无可挑剔的情况下，依然有企业轰然倒地，这依然是落实不到位的结果。

1984年，当海尔还是一个濒临倒闭的小厂时，张瑞敏接手了。面对企业的衰败，他曾经试图从企业的规章制度中找问题，然而，他得到的结论是，这并不是问题的所在，因为规章制度相当完备，甚至有些已经达到国际水准。经过分析，张瑞敏发现，问题就出在了落实能力上。制度再好，人们只是把它贴在墙上又有什么用？将制度落实到实处才是关键。

正是因为海尔的落实能力的不断提升，我们才在今天看到了一个强大的海尔。

任何一个组织需要的都是结果。结果靠什么实现？落实。落实是今天企业在商战中输赢的关键。

第一章　　落实是否到位，决定战略成败

1.战略再好也需要落实到位　　/ 003

2.落实不到位，高层先反省　　/ 007

3.事后究责不如事前抓落实　　/ 013

4.工作不要"还行、差不多"　　/ 018

5.懂落实会执行才是好员工　　/ 024

第二章　　把工作当事业，落实就是一切

1.迎难而上，落实是工作要求　　/ 031

2.尽职尽责，落实是工作责任　　/ 036

3.竭尽全力，落实是工作能力　　/ 040

4.结果导向，落实是工作目的　　/ 045

5.身体力行，落实是工作态度　　/ 050

第三章　　落实要到位，认识要跟上

1.工作就是信仰，树目标、正方向　　/ 057

2.领悟领导意图，不蛮干、不盲从　　/ 062

3.端正工作态度，重使命、轻权位 　　／066

4.保持奋斗理想，不抛弃、不放弃 　　／070

5.凡事能屈能伸，不自大、不自卑 　　／075

第四章　落实要到位，小事要重视

1.少说多做，一件实事胜过一千句承诺 　　／081

2.谨慎小心，每一个细节都能决定成败 　　／085

3.眼光长远，竭泽而渔是不负责任之为 　　／090

4.脚踏实地，一步一个脚印才能走更远 　　／096

5.胸襟宽广，不以一时得失来判断成败 　　／100

第五章　落实要到位，心态要端正

1.明白工作本质，不抱怨 　　／109

2.敢于直面挫折，不回避 　　／114

3.勇于承担责任，不推卸 　　／118

4.坚持工作激情，不懈怠 　　／122

5.谨记过犹不及，不迷路 　　／127

第六章　落实要到位，用人是根本

1.要识人有道，用人有方 　　／133

2.要分解任务，落实到人 　　／139

3.要责任到人，落实到位　　　／ 144

4.要赏罚分明，奖惩有道　　　／ 148

5.要同舟共济，爱护下属　　　／ 153

第七章　　落实要到位，制度是保障

1.用制度保证落实，不以个人意志为规则　　／ 161

2.要健全考评机制，不以个人喜好看结果　　／ 166

3.用日清月结方式，保证工作进度的推进　　／ 171

4.要注重管理模式，结合人性化与制度化　　／ 175

5.要建立学习机制，员工与组织都要提升　　／ 179

第八章　　落实要到位，团队最给力

1.独木不成林，一流的团队创造一流业绩　　／ 185

2.做人要低调，懂得进退才能无往而不胜　　／ 191

3.团队要团结，可以有争论却不能有隔阂　　／ 195

4.不说三道四，办公室政治影响工作效率　　／ 199

5.遇事勤沟通，信息对称有助于工作配合　　／ 205

第一章

落实是否到位，

决定战略成败

1
战略再好也需要落实到位

2011年3月16日出版的第6期《求是》杂志，发表了中共中央政治局常委、中央书记处书记、国家副主席、中央军委副主席习近平的重要文章《关键在于落实》。习近平在文中指出："我们的所有成就，都是干出来的。这里的关键，就是始终注重抓落实。如果落实工作抓得不好，再好的方针、政策、措施也会落空，再伟大的目标任务也实现不了。"

这就是落实的重要性，落实是目标实现的根本，没有落实，所有的目标、制度都是空谈。

在三年的解放战争中，国共双方投入总兵力达上千万，交战地域达到国土总面积的60%以上，解放军还没有一个哪怕是个团建制被全歼过的历史，这不能不说是个奇迹。而这胜利的背后我们更容易看到的是双方军事力量上的巨大悬殊——武器装备、单兵素质……

事实上，当年的国民党政府国防部作战厅发出的战斗指令并不都是糟糕透顶的，甚至有些战斗指令具有相当高明的战略意图，但是一场场战斗打下来，国民党部队还是一溃千里，这其中并不仅仅是民心所向所能解释的。以发生在1947年5月山东临沂地区的孟良崮战役为例，那是一场双方战略意图以及战术方案都相互一清二楚的硬仗。双方指战员都具有丰富的实战经验和能力；从整体兵力上看，当时，国民党部队有24个整编师共45万人，比在山东的解放军多十几万人，且装备精良弹药充足，还有坦克与飞机助阵。

为了赢取战斗的胜利，国民党部队张灵甫的74师主动设下诱饵，妄图吸引共产党军队主力，作出自我牺牲之态，主动使其32000人马被解放军围攻，他的整个核心企图，就是寄希望于其他40多万国军能迅速围攻过来，从而不仅使他的74师可轻易解围，更能使国民党部队获得一次性消灭山东解放军的大捷。不能不承认这是一个大胆的战略构想，并且很明显会给共产党部队构成巨大的威胁。然而最终的结局是，直到74师被消灭，师长张灵甫阵亡之时，除了国民党部队83师师长李天霞为逃避蒋介石指责其援张不力，象征性地派了一个连，带着报话机躲在孟良崮附近一个山洞中，蒙骗张灵甫谎称他们"来援救"了外，整个孟良崮就再没有其他国民党部队的影子了。甚至连近在5公里以内的83师和25师都没有到位，其他部队最近的还要1天路程，解放军甚至来得及打扫战场，将74师后勤人员一并俘虏，并成功押解所有俘虏及战利品扬长而去，都没有遭到国民党部队阻挡。

一个大胆的战略构想最终未能实现有多重原因，而其中不能不引起我们注意的则是落实不到位。在历史早已尘埃落定后，我们不妨假设，如果当初国民党各部队团结一心，贯彻落实蒋介石、张灵甫的战略意图，很难想象那场战斗的结局是什么样子。

然而，历史用鲜血告诉了我们最终的结局。

战争如此，企业发展何尝不是如此？

每个企业都在为发展而忙碌，几乎每个发展中的企业都有一个美丽的愿景，这些愿景也就是企业发展战略，它们被用精美的印刷品、PPT等形式展现在大家的面前。每一个企业的领导人都认为只要战略对了，那么也就等于商场之战胜利了。企业管理者在制定战略上花费的时间、精力远远大于后期的执行，甚至有企业管理者在制定完战略后就认为已经大功告成，而忽视了执行层面的监督、跟进。

正如习近平同志在《关键在于落实》一文中所引用的一副对联，上联是"你开会我开会大家都开会"，下联是"你发文我发文大家都发文"，横批是"谁来落实"，这是对"文山会海"的讽刺。开会是为了了解情况、倾听意见、集思广益，发现矛盾、分析矛盾、解决矛盾；制定文件，是为开展和落实各项工作提供可供遵循的依据。因此，开会和发文件是必要的，也是工作的重要环节；但是会议精神和文件再好，如果不落实，仍会徒劳无功。

因此，对于每一个企业来说，在正确的战略指导下，落实就是效益，落实就是发展动力。在今天，企业战略的制定日臻完善，领导人的商业头脑日渐成熟后，企业之间的竞争也就从战略层面转向

了执行层面，我们不能不意识到企业最终赢在落实。落实是否到位，决定了企业战略能否成为现实，如果落实不到位，那么企业战略只能是"纸上谈兵"罢了。

落实到位在工程领域就是支柱，在战争领域就是生命，在国家层面就是发展动力。在一个企业当中，各种制度的制定，各种规范的执行，各种人员的配备都是为了战略的执行，为了落实到位。

小贴士

作为企业管理者，我们应该时时刻刻狠抓落实，狠抓执行；作为中层干部，一定要认真贯彻高层领导的战略意图，带领下属认真完成每一个工作部署，将战略落实到位；作为一线员工，应该明确自身职责，保证完成领导交付的各项工作任务，视落实为生命。

2
落实不到位，高层先反省

建安三年四月，曹操派兵遣将，亲自上阵讨伐张绣。老百姓看到兵来了，就纷纷躲起来，无人敢去收麦子。于是曹操就派人告诉乡村父老和各地守境的官吏说："我奉皇上旨意，出兵讨伐叛贼，为民除害。现在麦子已经长熟，无奈非起兵不可，大大小小的官兵，如果有谁敢践踏麦田，一律斩首，父母乡亲不必惊慌。"官兵经过麦田时，都下马并用手拨开麦丛，小心翼翼牵着马走过，没有人敢踩踏麦田，曹操骑着马正走着，忽然田中一只鸠受到惊吓从麦田中飞出，那马眼生，踩到了麦田中，踩坏了一大片麦子。曹操立刻叫来行军主簿，要他定自己践踏麦田之罪。主簿说："丞相怎可定罪？"曹操说："我自己定的法，现在自己又犯了法，那怎能服众？"随即拔出佩戴的宝剑准备自刎。众人急忙救起他。郭嘉说："《春秋》中有记载：法不能加载尊贵的人身上。丞相统领大军，怎可自伤？"曹操想了很久，于是说："既然《春秋》有这种说法，我姑且免自己死罪。"于是他

用剑消掉自己的头发，扔到地上说："权且用割发代替砍头。"这样一来，三军极为震惊，没有不遵从军令的。

这是曹操以身作则的典型事例，正是因为他知道"吾自制法，吾自犯之，何以服众？"所以才有了"三军悚然，无不懔遵军令"。三国乱世之中，曹操从小到大不断发展，成就三足鼎立的霸业，这与他身体力行，推进制度与战略的落实有着莫大的关系。

我们一直在强调执行、落实，在工作推动不下去的时候，企业高层领导者往往将其归咎于属下执行不到位，却少了反省的意味。事实上，**要提高企业的落实能力，高层领导首先也需要有执行力。**

在我国，煤矿是安全事故最多的地方。2010年7月19日国务院颁布了《关于进一步加强企业安全生产工作的通知》，要求建立"煤矿领导带班下井制度"。而这一制度出台后不久，广西一个煤矿就出现被提拔的7名矿长助理代替矿长下井带班的情况，然而矿长和几名副矿长却强调工作繁忙没有时间下井监督，社会对这一新闻反响强烈。

针对以此煤矿为代表的问题煤矿，国家安全监管总局副局长、国家煤矿安监局局长赵铁锤回答记者提问时表示："大家知道，煤矿生产在井下，隐患出现在现场，作为煤矿的领导，不下井、不深入现场就不能掌握矿井安全生产的实际情况，就不能及时发现并处置各种问题和隐患，特别是不能在遇到险情时，第一时间下达停产撤人指令，组织涉险区域人员及时、有序撤离到安全地点。通过对煤矿事故的原因分析表明，煤矿领导不带班下井，隐患排查治理不及时，违规违章行为不能及时制止，现场管理混乱，是造成煤矿事故多发频发的重要原因。"

对于煤矿来说，高层领导亲临井下不仅仅是对安全生产的重视，也是对安全生产方案制定的必经阶段。

对于更多的企业来说，高层领导者绝对不是只在办公室里坐着喝喝茶、聊聊天、打打电话就能把企业战略贯彻到底的，因为执行力对应的是领导力。决策者脱离了执行层面制定的战略一定是脱离实际的战略，而战略制定的本身就必须包含着落实执行的过程。任何一个组织的战略执行一定包括保障制度、用人策略、奖惩措施等多方面因素，这些因素的共同作用保证了执行的顺畅，而这些因素的背后就是领导力的体现。

一般来说，一个组织中落实不到位的高层管理者因素在于：

第一，不以身作则。多年以前，山西省政协原副主席吕日周在任长治市委书记时，对矿井管理很有一套，他制定了"县委书记、县长必须下井"的制度，只要一个地方发生矿难，如果县委书记和县长及镇委书记和镇长没有下过这个井，就先让其辞职再追究其责任。就是因为领导经常下井，重视安全生产，才使得矿井的安全性极高，他在任时，煤矿数量、产量占全省十分之一的长治基本无矿难。

这一成绩取得的背后，正是吕日周以身作则的结果，而我们很

多的企业高层领导干部却只会沏茶喝水，已经忘记了亲临一线是什么感觉。尤其是在一些企业当中，特别是国有企业当中，一些人把职位的晋升当成唯一的理想；一旦升职后，就把业务抛开，专注于人际关系的处理，甚至认为职务就是特权，而失去了潜心工作的内在要求。这样的领导干部，不要说带领下属落实到位，恐怕是要阻碍组织的发展的。

第二，优柔寡断，过分依赖民主。民主固然重要，然而作为一个企业的决策者，他必须具备果断的决断力。安信伟光地板有限公司董事长卢伟光就曾说过：民主集中制是很重要的，光有民主，没有集中的话，企业就丧失了执行力。而且，对任何一个问题的判断，没有绝对的，都是相对的，只有在相对之间，结合企业的过去以及未来的大方向，才能做出正确的抉择，否则企业永远没有进步而只会原地打转。

有的人在工作中很善于听取他人的意见，甚至到了当A说往东走的时候，他就会考虑往东走；而当B出现说应该往西走的时候，他又觉得往西走是对的。作为一个管理者，应该有自己的判断能力，民主只是提供决策的参考，最终的决策还是需要领导者自己作出。因此，工作当中，绝对不能优柔寡断，一旦在民主献言献策后，领导者要做的就是认准方向，不折不扣地带领团队执行下去。

第三，高层管理者的"不放心"心态。有些管理者对下属极度不放心，采取权力集中制的手段进行管理，事无巨细都要过问，使得中层感觉到自己做不了主。于是下属在落实过程中瞻前顾后没有自主性，落实能力必然大打折扣。老板是企业发展的"掌舵人"，就是知道企业要去哪里。老板更多时候，应该去思考企业的战略以及如何实现企业的战略；所以，老板大多情况下都应该从宏观的角度来看问题，并且在干部培养上努力。在此基础上，老板放权，给干部以权力，让他们去发挥各自才能，为战略而努力，老板则重点致力于监督与管理。

第四，没有明晰职责。很多时候高层管理者都会说"下面的人不愿意承担责任"，事实上，领导者并没有明确下属的责权利，在工作之初就没有对下属应该担负什么样的责任进行界定。如果职责不清，重叠、交叉，那必然没有人会主动承担责任。

明确职责要落实在制度上，不能总是今天告诉A让其负责甲项目，明天又告诉B也负责甲项目，这样对于项目的实施百害而无一利。管理者的权威是要通过明晰下属职责，指导下属完成工作来维护的，因此必须要在工作开始之前，明确目标，明确分工，明确责任。只有这样，才能切实推动工作的开展。

第五，用人不当。用人的关键，是找到合适的人，用合适的方式让员工更努力，所以，老板首先应该是伯乐，要具有犀利的眼光；其次要有领导力、影响力，掌握良好的激励员工、影响员工的技巧。

以上五点只是造成落实不到位的基本问题，企业管理是一个复杂的系统工程，**当战略执行不到位时，作为战略制定者、企业高层管**

理者，应该首先从自己的角度去寻找问题。正因为如此，上海中发控股（集团）有限公司董事长陈邓华说："执行力差就是企业高层领导能力差。领导喜欢阿谀奉承、溜须拍马，导致一些人不去专心从事业务、技术和经营，而热衷于阳奉阴违；领导奖罚不公、不明，导致手下得过且过混日子；领导自己要求不严，缺乏人格魅力，导致有能力的手下看不到未来和希望，没有归宿感；领导能力有限，既无法制订正确的方针大略，又做不到任人唯贤、广纳贤才，导致小人当道，邪气冲天。诸多原因堆积起来，造成企业文化扭曲，人浮于事。这样一来，正常的经营、工作秩序都难以保证，哪还会有执行力可言？"

3

事后究责不如事前抓落实

亡羊补牢的故事我们都听过，故事的本意是羊丢了，要赶紧把羊圈补起来，以免类似的事情再次发生。这种做法貌似正确，却忽略了一个事实，那就是已经构成的损失。如果羊圈里只有一只羊，那么亡羊补牢毫无价值。对于企业来说更是如此，在现代商战中，一次失败足以致命，哪里还有亡羊补牢的机会？

长久以来人们习惯了亡羊补牢，譬如在媒体中经常能够看到这样一个普遍的现象——道歉、撤职。一旦某企业出现问题，某地出现安全事故，某产品出现质量问题，我们的处理方式往往是先把直接责任人的职务撤掉，然后再道歉，最后哪里漏了窟窿补哪里，却很少系统地分析错误的根源。这种头痛医头脚痛医脚的亡羊补牢式做法，最终的结局就是一错再错。

譬如我国食品企业的食品安全问题，在一个不规范的生产标准下，无论你把舆论宣传和思想工作做得多好，都无益于产品质量的

提升，只有政府提升我们的产品检验检疫以及市场准入标准，加大食品安全违法犯罪的打击力度，才能逐渐从根源上解决问题，才能避免继续出现类似的错误。而我们现在的做法却一直都是撤职、检讨、道歉、罚款，再无他法。于是错误永远不可避免，食品永远不安全。

我们大多数企业面对的现状是，工作中经常出现失误，知错就改，再错再改，只知纠正错误，却不知预防错误再犯，一错再错的结果只能是给企业、给社会带来无尽的损失。

俗话说"大风起于青萍之末"，那些看似外界因素造成的企业危机，往往潜伏于企业内部，在长时间的发酵后必然得以爆发，而且一旦爆发往往是毁灭性的。在中国企业发展史上，这种因为落实不到位而问题不断累积，最终形成巨大灾难的企业倒闭案例不胜枚举。

企业经营的失败不是天灾，那一系列突发事件的背后都是落实不到的人祸所致。

2010年11月15日13时，上海胶州路728号教师公寓突发大面积立体火灾，造成58人死亡、71人受伤的严重后果，建筑物过火面积12000平方米，直接经济损失1.58亿元。而引发这一场灾害的直接原因竟然是，两个不具备电焊操作资格的工人违规操作酿成的。更令人意想不到的是，不具备施工资质的上海佳艺建筑装饰工程公司承接了胶州路728号教师公寓节能改造项目后，将其拆分成建筑保温、窗户改建、脚手架搭建、拆除窗户、外墙整修和门厅粉刷、线管整理等，并分包给七家施工单位。而其中脚手架施工经多层转包，且承接方都不具备资质，为特大火灾的发生埋下了隐患。

试想，如果在工程施工过程当中，各个单位认真落实各项操作流程制度，切实做好各项防范措施，何至于发生这样的事故？怎么会让那58条生命无端丧身火海？这又将是一个多么完美的工程？然而这所有的问号都因为落实不到位而成为永远的叹号。

除此以外，火车相撞、桥梁塌陷、商场失火……这些事情一件件发生后，我们看到的是简单的处理，简单的道歉，简单的赔偿后等一系列亡羊补牢的措施。可是事故发生后再多的挽救措施能换回那只有一次的鲜活的生命吗？不能！对于生命而言，没有补救的机会。

2010年，日本丰田汽车因"踏板门"事件在全球召回850万辆车，全球铺天盖地的负面报道，令丰田汽车面临名誉和经济的双重危机，公司市值一周内蒸发250亿美元。

然而，"踏板门"事件并不是偶然发生的，据美国《洛杉矶时报》报道，早在2006年，日本丰田汽车公司6名日本工厂的老员工就在工作备忘录中提醒上级，丰田汽车在汽车安全性和车间工作环境等方面存在缺陷，但管理层"置若罔闻"。

在调查中，美国国会众议院监督和政府改革委员会此前得到的一份丰田内部文件显示，2007年丰田曾成功说服美国监管部门停止

对其出现突然加速的车型调查，进而逃过了一次大规模强制召回法令，丰田因此节省了约1亿美元。

英国媒体报道，丰田英国分公司发言人承认，1年前丰田已经获知在英国销售的一些车型油门踏板会卡住，但当时这个问题被认为"不构成问题"。同时，来自美国方面的消息也显示，丰田此前可能已经知道了车辆会突然加速的问题。

所有的个案都未能引起丰田的足够重视，直到2010年"踏板门"事件集中爆发，才让丰田彻底惊慌失措，并为之前的错误开始买单。

在问题出现后，如果丰田能足够重视员工的意见，且一如既往地贯彻落实"质量就是生命"的产品观念，那么这一巨大的企业危机是完全可以避免的。

不管在哪个国家，对于企业来讲，首先，要建立健全规章制度。依靠法律、法规及各项规章制度的贯彻落实，同时根据现有的规章制度以及新业务的需要，不断完善和补充各项规章制度，使内控制度建设与业务发展同步，确保没有制度"空白"。其次，要明确岗位责任。各个岗位要明确职责，尤其要做好各项岗位交接班工作，建立内部控制机制，以对企业内部岗位职责的落实进行全面考核。最后，要坚持检查、督导，定期稽查、抽查各个岗位日常工作落实情况。企业不能忽视每一件小事和每一个岗位，对检查到的问题绝对不能搞"下不为例"，要及时纠正，奖惩分明，落实责任，从严考核。

　　只有常抓问题隐患不松懈，企业的所有制度才能不打折扣地落实。因为对于企业而言，一次犯错足以毁灭一个企业。秦池、三株、巨人等一个个惨痛的案例告诉我们，正确制定战略，认真将工作执行并落实到位才是企业长远发展的根本。

小贴士

　　与其亡羊补牢，不如踏踏实实将工作落实到位，因为最好的危机防范措施就是扼杀危机发生的可能。

4
工作不要"还行、差不多"

"还行"、"差不多"、"可以了吧"……这些不确定的词语时常出现在我们的日常汇报当中。有一些人,他们的口头语就是"差不多了",这种中庸的思想导致他们在日常工作的落实上总是不将领导意图贯彻到底,于是似乎每次都是差不多、差一点,然而到了最后,终于变成了"差很多"。

胡适先生曾经创作过一篇《差不多先生传》,原载于民国八年出版的《新生活》杂志第二期,全文如下:

你知道中国最有名的人是谁?提起此人,人人皆晓,处处闻名。他姓差,名不多,是各省各县各村人氏。你一定见过他,一定听过别人谈起他。差不多先生的名字天天挂在大家的口头,因为他是中国全国人的代表。

差不多先生的相貌和你和我都差不多。他有一双眼睛,但看得不很清楚；有两只耳朵，但听得不很分明；有鼻子和嘴，但对于气味和口味都不很讲究；他的脑子也不小，但他的记性却不很精明，他的思想也不很细密。

他常说："凡事只要差不多，就好了。何必太精明呢？"

他小的时候，他妈叫他去买红糖，他买了白糖回来。他妈骂他，他摇摇头说："红糖白糖不是差不多吗？"

他在学堂的时候，先生问他："直隶省的西边是哪一省？"他说是陕西。先生说，"错了，是山西，不是陕西。"他说："陕西同山西，不是差不多吗？"

后来他在一个钱铺里做伙计；他会写，也会算，只是总不会精细。十字常常写成千字，千字常常写成十字。掌柜的生气了，常常骂他。他只是笑嘻嘻地赔小心道："千字比十字只多一小撇，不是差不多吗？"

有一天，他为了一件要紧的事，要搭火车到上海去。他从从容容地走到火车站，迟了两分钟，火车已开走了。他白瞪着眼，望着远远的火车上的煤烟，摇摇头道："只好明天再走了，今天走同明天走，也还差不多。可是火车公司未免太认真了。八点三十分开，同八点三十二分开，不是差不多？"他一面说，一面慢慢地走回家，心里总不明白为什么火车不肯等他两分钟。

有一天，他忽然得了急病，赶快叫家人去请东街的汪医生。那家人急急忙忙地跑去，一时寻不着东街的汪大夫，却把西街牛医王大夫请来了。差不多先生病在床上，知道寻错了人；但病急了，身上痛

苦，心里焦急，等不得了，心里想道："好在王大夫同汪大夫也差不多，让他试试看罢。"于是这位牛医王大夫走近床前，用医牛的法子给差不多先生治病。不到一点钟，差不多先生就一命呜呼了。差不多先生差不多要死的时候，一口气断断续续地说道："活人同死人也差……差……差不多，……凡事只要……差……差……不多……就……好了，……何……何……必……太……太认真呢？"他说完了这句话，方才绝气了。

他死后，大家都称赞差不多先生样样事情看得破，想得通；大家都说他一生不肯认真，不肯算账，不肯计较，真是一位有德行的人。于是大家给他取个死后的法号，叫他圆通大师。

就这样，差不多先生的名誉越传越远，越传越大，大到无数中国人都开始以他为榜样做人做事，于是人人都成了一个差不多先生，而中国，从此就彻底成为一个懒人国了。

胡适先生借用"差不多"先生，批评了那些做事不认真的人。当时的鲁迅先生也曾说过"中国四万万的民众害着一种毛病，病源就是那个马马虎虎，就是那随它怎么都行的不认真态度"。

然而时间走过将近一个世纪后，我们仍然能够看到身边仍有数量庞大的"差不多"先生，甚至这一群体有不断扩大的趋势。他们的存在给我们这个社会的发展带来了巨大的隐患，甚至在一定程度上阻碍了文明的进步，造成了巨大的浪费。因为那"差不多"就意味着落实不到位；就意味着"差之毫厘谬之千里"；就意味着结果是"功亏一篑"，那么之前所有人的所有努力就等于付之流水！

差不多到底是差多少呢？

一颗螺丝钉，随处可见，普普通通，并无惊人之处，甚至被人们所忽视，我们经常用"螺丝钉"来比喻那些在岗位上默默无闻奉献青春的人。那么螺丝钉究竟有多大的作用呢？

2011年3月12日，韩国总统李明博乘专机前往阿联酋访问时，因飞机故障，起飞后曾返航到仁川机场接受维修。一时间舆论哗然，纷纷猜测飞机故障的原因，其中不乏恐怖袭击的推测。然而，经过检测后，最令人意想不到的是这次故障诱发的原因竟然是一枚螺丝钉装反了。在随后由空军组织召开的新闻发布会上公布说：一般而言，用于飞机的大部分螺丝钉头部朝上，但这次引发故障的螺丝钉被设计成头部朝下，以免触碰其他零部件，而制造这架飞机的波音公司在生产过程中装反螺丝钉，这颗螺丝钉触到空调进风口阀门，使阀门受损，由此产生了震动和噪声。

2010年7月2日，克莱斯勒摩尔多瓦分公司破产，令人意想不到的是，破产的原因竟然也是一颗小小的螺丝钉所导致。

原来，具有多年汽车制造经验的摩尔多瓦汽车大王格尔德·波恩从美国克莱斯勒汽车公司引进了关键的制造技术，为了省下一笔转让费，他没有引进螺丝钉的制造技术，他认为螺丝钉的制造技术再简单不过了，而且摩尔多瓦遍地都是螺丝钉生产企业，根本不需

要引进。

美国的克莱斯勒汽车品牌享誉全球的其中一个秘密就在于他们对每一颗螺丝钉都拥有精湛的生产技术和严格的检测标准。例如对待一颗m6螺杆，外径公差范围就规定在5.974毫米和5.978毫米之间，相差不能超过0.004毫米。同时，对螺丝钉的内径、材质甚至表面处理等各方面都有严格的规定和明确的技术要求。克莱斯勒就是凭借这样严格的要求而打造了世界三大名车之一的高端品牌。可是摩尔多瓦虽然工厂众多，但是却没有精确的检测标准，更没有对一颗螺丝钉进行检测的机构。摩尔多瓦分公司的所有人都认为，一颗螺丝钉，"差不多"就行了，只要拧上去就可以了。而对于克莱斯勒"相差不能超过0.004毫米"的严格要求，根本不屑一顾。

很快，问题出现了，因螺丝钉而引发的事故不断发生。在所有的故障当中，因为一颗螺丝钉松动而引发的故障和车祸就占了80%！这给车主安全带来极大的威胁。

这小小的螺丝钉，最终松动了整个公司的基础，格尔德·波恩不得不宣布破产。正是这种"差不多"的思想，这种侥幸心理让格尔德·波恩花巨资取得的世界先进技术支持却依旧以失败告终。

台湾著名企业家鸿海集团董事长、富士康集团创始人郭台铭先生，在接受央视采访时这样说："不要说中国创造，就只说中国制造，我们中国企业都还有很多地方要学习、要提高！仅仅就是一颗毫不起眼的螺丝钉，我们集团就花了十年的时间才使精密度达到90%，又花了十年的时间才做到98%。2006年我们终于达到了世界先进水平的标准，即精密度99%，而我们集团的目标是要在下一个十年做到99.9%的世界领先水平。哪怕就是一颗螺丝，我们中国企业的制造水平都还有很大的提升空间！"

在我们的工作中，必须要牢牢树立"差不多"就是"差得远"，"还行"就是"不行"的观念，必须牢牢记住，事情只有落实到底，落实到位才能取得既定的成果，才能达成既定的目标。正如海尔张瑞敏所说："什么是不简单？能够把简单的事千百遍都做对，就是不简单；什么是不容易？能把大家公认的非常容易的事认真地做好，就是不容易。"要做到"不简单"、"不容易"就要摒弃"差不多"、"还行"的马虎心理。

在工作中，这种人并不少见，他们并非能力不强，也不是不够聪明，"差不多"实际上也是一种侥幸心理。这一类人在惰性的支配下，寄希望于少做点事、少留点汗，这也是一种不负责任的心理状态。作为公司员工，必须要牢固树立强烈的"落实到位"的观念，必须认识到"差不多"的错误思想所能引发的重大恶果。正确的观念是正确做事的前提，有了这个大前提，做好了思想准备，我们才能转变认识，才能一丝不苟地抓好落实。

5
懂落实会执行才是好员工

在词典当中，执行指的是"贯彻施行，实际履行"；落实指的则是"结出果实"。

我们从来不缺少雄韬伟略的战略制定者，也不缺乏敢拼敢打的勇士，但是我们缺乏能够执行到底、落实到位的落实者。**宁高宁曾经说过这样一句话："战略正确不能保证公司的成功，成功的公司一定是战略方向与战术执行力都到位。"**这句话中的战术执行力都到位的意思就是落实到位。

拿破仑说："想得好是聪明，计划得好更聪明，做得好是最聪明又最好。""做得好"是什么意思？是不是过程漂亮？是不是行动优雅？战场上的厮杀中讲究的只有一点——把敌人消灭，这就是"做得好"，把敌人消灭就是落实的最终目的。即便如此，作为一代军事奇才，拿破仑最终兵败滑铁卢。历史已经过去，原因众说纷纭，在各种原因中，没有人敢于去忽视拿破仑自己的说法，拿破仑自己对科兰库尔说："是由于格鲁希未能及时增援，而骑兵又被击溃，以致惨败，内伊行动也不够积极、机智。"

格鲁希是一个墨守成规的人，尽管他夺取了许多战斗的胜利，但是他却缺乏独立指挥作战，尤其是指挥大型战斗的经验，他缺乏临战魄力和信心。当拿破仑被英普联军合围时，战斗双方都在等待援军。谁的援军先到谁就将赢得胜利。可是，距离主战场最近的格鲁希竟然无视不远处围攻拿破仑的炮火，愚蠢地坚持按拿破仑原定的作战思路朝另一个方向追击普鲁士的军队，而不是迅速支援拿破仑，以致白白地丢掉了一个反败为胜的绝好战机。拿破仑最终也因寡不敌众，一败涂地。

在回首历史的时候，我们哀叹于拿破仑的失败，归咎于格鲁希的愚蠢，却忽视了一个存在的事实——格鲁希也在执行拿破仑的命令。是的，格鲁希是在严格执行拿破仑的命令，可是他却没有灵活地把握战场稍瞬即逝的战机，最终没有取得战斗的胜利，并导致了拿破仑历史的终结。这样的执行能力，我们能称之为有效的，并加以鼓励吗？

当然，在拿破仑时代，信息的传递只能靠人力加上畜力，因此效率低、速度慢，难免会因为沟通不畅而贻误战机。然而在网络发达的今天，这样的问题已不再存在。经理人或者员工无论在世界的哪个角落，都能用现代通信手段与高层决策者取得联系。因此在执行的过程当中更应该紧密地与战略制定者保持紧密的沟通，及时了解战略意图与战场变化，所有执行的目的都应该是围绕取得的预期结果而展开。

有的人可能会因此说，由此看来领导的战术指挥未必能达成战略意图，是不是也就意味着我们可以"将在外，君命有所不受"？可以为了实现目标而脱离领导的指挥？

孙子兵法说"军争为利，军争为危。取长利而弃小利，故途有所不由、军有所不击、城有所不攻、地有所不争、君命有所不受"。意思就是执行也要明白你要达成的目标是什么，只有为了实现战略去执行，才能落实好战略意图，才能最终实现我们想要的目标。所以执行的目的是落实，是获取胜利，而不是为了执行而执行；是有思想地去执行，而不是为了迎合上司去执行。

领导者在制定战略并布置工作的时候，每一步都有着通盘的考虑，因为高度不同、信息获取渠道不同、考虑问题的角度不同，因此执行者必然会产生不同的理解，甚至会产生误解。所以在当今商战中，作为执行者应该具有全局观，能够从更高的角度、更深远的方向上去看待自己所执行的项目，这样才能保证执行落实到位，保证项目整体目标的实现。

每一个员工，每一个中层干部，每一个高级管理者都必须明白——执行的根本就是落实到位。

只知道执行却无视结果的人不能算是人才，只能算是庸才。长期以来我们一直在强调执行，执行不断提高却不等于落实到位。我们能够看到身边有一批员工，对于领导交办的任务也尽心竭力地去做，我们对他们的执行过程无可挑剔，但是却看不到预期的结果。

这一类型的人并不在少数，他们往往是老板说你去打印合同，他就老老实实地打印一份，既不会问老板需要几份，也不知道看看所打印的合同内容中要求的是"一式几份"；安排他去买打印纸，他只有到了地方才想起来没问买多少、买什么规格的……这样的员工，执行意识很强，也确实是在执行，但是他们的执行总是大打折扣，那么能够称得上是落实吗？要知道落实不到位，执行就失去了意义。

有执行的认识，具备执行的能力，可以落实、但却不去落实的人即便再有能力，也不是企业的人才。我曾经遭遇过这样的员工，从能力来讲，此人曾经留学海外，接受过先进的海外商业经营培训，有着专业的技术水平；曾经服务于世界五百强公司，具有一定的管理水平；自己曾经创业，并取得过一定的成功，有着不同于其他员工的宏观理解能力，能够理解整体战略布局需要下的战术执行……应该说这个人是个优秀的管理者，从简历上来看是个不可多得的人才，然而在实际工作中，这些过往的经历却束缚了她的手脚，限制了她的发展。

为什么会这样呢？原来她自以为有着全公司最高的学历、与众不同的阅历、曾经创业的经历，因此经常站在自己理解的角度上对高层领导在工作上的安排与决策指指点点。她想当然地认为那些决

策是错误的，与自己的认识不同，因此经常抵制领导的安排，更不要说执行或者落实了。

非但如此，她还会按照自己的理解去执行领导交办的任务，并拿出自己认为正确的结果。可是那些结果与整体工作安排往往并不相吻合，甚至会有冲突。这个员工最终被开除，在进行离职谈话的时候，她依然认为自己具有超强的执行力，并有驾驭、控制项目的能力，她认为自己在公司的职务是大材小用。人力资源部经理等她发完牢骚后笑着说："你连一个中层领导最起码的素质都不具备，又怎么能胜任更高的职位？"

现在，任何一个公司都不缺少人才，但是缺少的是脚踏实地的落实者，落实者比执行者更重要，执行者或者只是在机械地执行，就像一部汽车，我们踩刹车它就停，踩油门它就跑一样。落实者则不同，他们的工作就是为了结果，他们为了结果而存在。他们不会只机械地执行，他们懂得分析，知道利弊，会从千变万化的市场竞争和更高一级的领导不断变换的指令中捕捉到最有效的信息，并予以实现。

小贴士

什么是人才，什么是优秀员工，只有能够拿出组织需要的结果的员工才是好员工，才是优秀人才。

第二章

把工作当事业，
落实就是一切

1
迎难而上，落实是工作要求

要把工作落到实处，难免会遭遇各种困难。有的人知难而退，甚至连尝试都不敢，就一溃千里。有的人迎难而上，虽然明知道困难重重，仍然不惧艰难险阻，勇往直前，他们就是成就事业的那部分人。

无论从事何种工作，落实是工作要求，落实的内涵就是不断克服工作中遭遇的困难。你越是害怕困难到来，你的内心就会充满恐惧，对眼前正在做的事情便会充满对失败的担心，这样会失去必胜的信心，在真出现困难的时候就会变得惊慌失措，毫无章法，只能迎来失败的打击。

正确的做法是必须以正确的心态面对落实中遭遇的困难，因为落实就意味着迎难而上；遇到困难是必然的，我们必须要做好心理准备，在任何突发事件面前首先应该想到的是如何解决，而不是抱怨、恼火甚至暴跳如雷、迁怒他人。

在落实过程中，一旦遭遇到困难时，我们不妨想想上学的时候是如何利用方程式解答问题的：

审，审清题意，分析寻找等量关系；

设，设未知数，把有关的量用含有未知数的代数式表示；

列，根据等量关系列出方程；

解，解方程；

答，检验作答。

同样的，在落实过程中遭遇难题的时候，我们也可以按照这个步骤来从容应对：

第一，审。 审视局面，冷静应对，看清楚现在面临的局势，找到困难是什么，存在于哪些方面，并将困难的难易程度进行排列，明确需要解决的那些问题的轻重缓急程度。有的人在遭遇困难的时候，首先是手忙脚乱、自乱阵脚，何谈冷静审视？因此无论何时都要保持一个健康平和的心态。审的过程是最重要的环节，因为只有找到症结，接下来才能对症下药，否则第一步走错了，找错了原因，只会让下面的工作越走越远。

因此，管理者一定要有良好的心态，尤其是高层管理者，无论遇到什么问题都应该保持镇静自若，保持清醒的头脑。

第二，设。 分析困难成因，深挖困难的由来。凡事有因果，找到了源头，知道了困难的由来，也就基本上明确了困难的原因和程度。在工作中经常有人在遭遇困难的时候，首先是推卸责任，指责他人，然后将问题一股脑儿推给他人，巴不得自己赶紧从麻烦中抽身而出。这样的做法只会加大克服困难的难度，无益于工作的落实。

"设"的过程是一个科学判断的过程，即便是"假设"，也要明白是建立在客观评判的基础上，而不是跟着感觉走，凭借"我觉得"这样的不确定词语来为判断寻找理由。

第三，列。求克服方法，拿出克服方案。**美国总统罗斯福曾说："克服困难的办法就是找办法，而且，只要去找，就一定有办法。"** 情况总是瞬息万变，在找到问题的症结后，应该迅速拿出解决方案。制定克服方案的同时应该充分考虑到目前出现的问题、困难可能引发的其他方面的连锁反应。因为"大风起于青萍之末"，我们必须要站在宏观的角度上去看问题，如果只是头痛医头脚痛医脚，很可能出现的情况就是问题层出不穷，解决了这个问题，其他问题又接二连三地出现。

第四，解。找到了根源，分析出了成因，也提出了解决方法，剩下的就是行动。解方程式有严格的步骤，工作也有严格的流程，我们必须要严格遵守工作流程，不能为了图省事而简化或者省略某些步骤，以免引发新的问题。

解答是落实的核心过程，其实也就是解决问题的过程，这个过程决定了落实的效果。因此管理者也好、普通员工也罢，在这一环节中都应该谨慎细致，按部就班且全身心投入，切不可带有任何投机心理。

　　第五，答。上学考试的时候，很多人在解完方程式后往往会忽略了作答。作答不仅仅是要完成整个解答过程，也是认真检验解答步骤，最终对答案予以确认的过程。检验的过程甚至比解答的过程更加重要。在工作当中也是这样，当面临的一个困难解决后，我们不是要马上欢呼庆功，而是需要认真地检验取得的结果，认真检查每一个环节、每一个步骤。这里需要强调的是，每个企业、每个项目都应该建立相应的审核机制，以确保项目进展每一个步骤的准确无误。

　　当我们把落实的过程，看成是用方程式解答问题的过程时，就会发现，每一项工作中遭遇的问题，都是大大小小不同的方程式，都是一道道数学题罢了，只要是数学题，我们总会有不同的论证方法或者解答方法来找到答案，或者证明其无解。

　　所有的工作都是解答问题的过程，所有的落实都是为了求得答案。因为对于工作来说，落实就是工作的要求。我们很难相信，一个没有落实精神的人，或者一个不以落实作为工作要求的管理者，是不可能取得工作上的成就的。

　　解答方程式的最终目的不是为了享受过程，而是为了求得结果；工作也是一样，工作不是为了证明执行过程的完美性，而是为了取得工作的成果。因此，把一切行动落到实处，取得实效，也就成为工作的要求，这也是工作的唯一要求，一切制度、绩效考核、行动规划、人员调度等企业管理中的环节，都是围绕为了实现工作落实到位而展开的。

所以，一个优秀的职场中人，一个优秀的指挥员，一定是以指挥部属实现工作落实到位为最终目标的指挥者；一个优秀的士兵，一定是以完成领导交办的任务为最终使命的士兵。他们虽然有着不同的身份、分工，但是在一个组织中，他们一定有着相同的目标，这一目标的实现，依靠的就是层层落实。

2
尽职尽责，落实是工作责任

德意志"铁血宰相"俾斯麦曾经说过，"我对青年的劝告只用三句话就可概括，那就是，认真工作，更认真地工作，工作到底"。除此之外，他还说"如果人生的途程上没有障碍，人还有什么可做的呢？"

当我们明白了落实是工作的要求，也就意味着我们必须要树立起落实就是工作责任的意识。在职场当中有那么一部分安分守己的老实人，他们"一切行动听指挥"，他们严格遵守各项规章制度，他们谨小慎微从不迟到、早退、顶撞领导，然而他们存在的目的只是为了不犯错，只是为了遵守各项规章制度，只是为了让领导不讨厌。这样的员工心中丝毫没有以落实为工作核心的责任感，他们的存在能说有意义吗？

责任是什么？百度百科中，对责任给出的定义是"一个人不得不做的事或一个人必须承担的事情"。

在工作中，责任是什么？就是在你所在的位置上必须要承担、一定要做的事。如果一个人不能在相应的位置承担起应该承担的责任，那也就意味着他失去了存在于该位置的价值。

每个人在社会中都有不同的身份及角色，那么我们以什么标准来衡量一个人在不同的身份、角色下的价值呢？价值不是一个抽象的概念，价值要以其承担的责任所被落实的程度来衡量。譬如对于一个男人而言，什么是家庭责任？以什么来衡量他承担责任所体现出来的价值？以他所能创造的财富为家庭成员带来的生活改善程度为标准。如果一个男人只是空谈责任，却不能承担起家庭生活得以不断改善的重担，让家庭生活陷入了温饱不足的困境，那么他也就失去了对家庭的责任。

一个士兵，他的责任就是保家卫国，在战场上，他的价值的体现就是冲锋陷阵，消灭敌人，每次战斗消灭敌人的数量就是他价值体现的标准，也就是他职责落实的标准。如果一个士兵只是遵规守纪，在战场却胆小如鼠，那么他的存在也毫无价值，相反，甚至会受到军法的处置。

工作当中亦然，我们不可能以一个人滔滔不绝地谈他的理想、蓝图为标准去衡量他的价值，而是要以他创造的实际财富、完成的工作量为衡量标准。企业的终极目的是为了赚取尽可能多的利润，无论是后勤供应、企业宣传、产品策划还是市场营销等部门都是为了创造利润或者配合创造利润这一核心目标来展开的。

明白了这一点，我们就应该知道，将工作落实到位就是我们的工作职责，落实需要我们具备高度的责任感、使命感，这也是我们

应该建立的价值观——一切为了落实。

我曾经遭遇过一个中层管理干部，以空降兵的姿态到企业担任副总经理，此人的面试效果非常好，该企业的人力资源经理与总经理、董事长对他在面试中的表现都十分满意。然而，问题很快就显现出来了，这个人在实际工作当中仍然是善于表决心、谈规划，而不善于落实。最关键的问题还在于此人责任感缺失，或者说没有承担责任的勇气。他可以发现问题，提出问题，但是却没有解决问题的能力。老板一旦要求他去改正他发现的问题，他又会寻找各种理由把应承担的责任推给别人。用同事的话说，他就是一个"揪客"，而他的很多工作建议虽然看上去很合理，却不具有操作性。

或者我们可以将这些理解为对工作环境不够熟悉，对企业成长历程与内部管理、业务情况不了解，我们甚至可以理解为这是急于表现自己的能力而体现出来的焦急与冒进。这些我们都可以给他时间去弥补、学习、改进。然而令人遗憾的是，每每遭遇上司责问为何他主抓的工作包括他建议的工作总是落实不到位的时候，他把责任都推向了两端——一边说领导支持力度不够，一边说下属不积极推动。他把责任完全推到了他人身上，而自以为没了责任也就万事大吉。

这样造成的结果是，不久后，下属对他的决策与下达的任务不予以配合，并且将其越过纷纷直接对上一级汇报，理由是——这个人的存在严重阻碍了工作进展，降低了工作效率，延缓了工作落实，并使得团队多走了弯路。下属们认为，一个总是推卸责任、没有担当的管理者是没有资格带领团队的；一个缺乏落实能力的人只会让团队陷入永久的浮于表面的状态，一个失去了落实能力的团队对于一个组织而言，是没有价值的。

下属的意见以及此人日常的种种表现让总经理不能不去认真考虑此人在团队中的价值，同时也默许了下属们的越级报告行为。这个时候，这位副总经理就已经失去了存在的价值，因为他没有肩负起该尽的职责，也就意味着失去了存在的必要。事实上，任何一个管理者都应该明白，自己所负责的项目不能落实到位，最先承担责任的就是自己，因为职场中，落实就是自己的责任，落实是价值体现的唯一渠道。把责任推给了他人，相当于把自己也推出了这个团队。

尽职尽责是一个职场中人的基本素质，也是一个人在某个职位上存在并得到认可的唯一方式。不管是谁，不管你的计划在会议室里、PPT中有多么完美，能落实多少决定了你的价值。而在制订每一个计划的时候，其中一定包含了如何落实；一个不能得以落实，没有执行条件的计划是毫无价值的。

小贴士

当我们明白了落实到位就是工作责任的时候，也就树立了一切为了落实的工作理念。一个有责任感的人，必然是把落实放在第一位的人。

3
竭尽全力，落实是工作能力

工作能力是什么？学过人力资源管理学的人都知道，工作能力指的是对一个人担任一个职位的一组标准化的要求，可以用来判断这个人是否称职。工作能力包括其知识、技能及行为是否能够配合其工作。简而言之，工作能力就是一个人是否有能力担任一个职位。从人力资源的角度来看，员工的工作能力与工作业绩之间是正相关关系。工作能力是内在的，业绩是外在的。如果一个员工具有较高的工作业绩，在一般情况下，我们也可以认为其工作能力也一定较高，也就是说，工作能力较强的员工一定会有不错的工作业绩。

如何评判一个人有能力？看业绩。业绩怎么实现？看落实效果。因此，落实效果是工作能力最直接的展现方式。所以，要想证明一个人的能力，唯一的途径就是竭尽全力地去落实工作规划，拿出工作业绩。

"竭尽全力"与"尽力而为"是两个不同程度的概念，竭尽全力是要充分挖掘一个人内在的潜能。**在汪中求与朱新月合著的《零缺陷工作》中这样说：从零缺陷工作的角度出发，我们更能看清工作态度与结果的关系，对待工作，并不是多付出一点，就能多得到一点，而是努力把工作做到完美，达到零缺陷，这个时候的回报才是质的飞跃。所以，在零缺陷工作的标准下，我们每一个人对待工作都要"竭尽全力"，而不是"尽力而为"。**

"尽力而为"的意思是尽自己的最大的力量去做，是在能力范围内的努力。能力范围如何界定？只能是根据自己的心理承受能力来界定，而一个人的心理往往受多种因素的影响，能力的发挥也就有了异常，即便是我们自己也很难确定什么程度下才算是"尽力"。"尽力而为"这句话往往成为人们不自信地面对挑战时的强心针，或者是失败后减少自责的理由。举例来说，当作为管理者的你把一项工作交给你的下属时，如果下属告诉你他将"尽力而为"，你会如何理解？是不是有一种信心不足的感觉？同样在项目失利后，在你批评下属的时候，如果下属说"我已经尽力而为了"，你又作何感想？是不是有一种"听天由命"的颓废感？

"竭尽全力"则不然，这种状态包含着超出能力范围以内的努力的概念，这种状态是一种不断超越自我现有能力的状态，这种状态是自我激励不断谋求进步的状态。

"竭尽全力"不需要表白，不需要决心，有这种意识的人只会脚踏实地，以饱满的热情和百分之二百的努力去做，而后用结果来

证明自己的价值。因为在每一个组织当中，大家需要的不是"尽力"的过程，而是"尽力"的结果。就好比一个学生平时好好学习、挑灯夜读，到高考的时候依然是名落孙山，有谁会认为他成功吗？大学会因为他平时的刻苦努力就录取他吗？

"竭尽全力"的人不会用"我已经尽力而为"作为失败后的自我安慰，也不会逃避任何责任，他会认真地吸取教训，总结经验，只有这样才是真的在竭尽全力。那些遭遇失败就自暴自弃的人，只能是一次"尽力而为"就倒下。

"竭尽全力"是一种永不止步的精神。**美国著名的理财投资专家约翰·坦普尔顿通过大量的观察研究，得出了一条很重要的结论："取得突出成就的人与取得中等成就的人几乎做了同样多的工作，前者仅仅是多做了一分努力，却取得了与后者有天壤之别的成就。"**尽责完成自己的工作，最多只能算是称职的人；如果在自己的工作中"每天多做一点"，就可能成为优秀的人。

"竭尽全力"更是一种主人公精神，今天人们丧失最多的就是主人公精神和集体主义精神。主人公精神和集体主义精神就是把自己的利益最大化的最好渠道。只有一个人把组织的事情当成个人的事情，甚至看得比个人的事情还要重要的时候，才能彻底发挥出自己的潜能。任何一项工作都不单单是谋生的手段。因为我们不仅通过工作来获取生活上的满足、金钱上的收益，而且，还通过工作实现着我们的价值。

价值这个词可能过于抽象，简单来说，每个人都想在工作中赚钱，赚大钱，事实上工作收入与工作能力成正比，只有不断地提升自己能力，才能承担更多的工作任务和更重要的使命，才能不断提升自己的工作收入。而这一切的基本前提就是不断超越自己，超越自己的手段就是不断地"竭尽全力"，不断地激发自己看似枯竭的能量，久而久之，你就会发现，自己的"全力"处于不断增长的状态。这样一来，职务、金钱都将不是问题。

在"竭尽全力"这个问题上，我们不妨听听稻盛和夫是如何说的：

我向许多人提问："你是否在竭尽全力工作？""是的，我在努力工作。"我对这样的回答并不满意！"你是否付出了不亚于任何人的努力？"如果你不更加认真、更加努力，就不会有理想的结果。

就是这个老人，白手起家，将京瓷打造成了一流企业，当面对仅有的28名员工，他说出："让我们拼命干吧！我们要创造一个卓越的公司，镇上第一的公司。不，京都第一的公司！日本第一的公司！"这一目标制订的时候，他就已经开始为这一目标的实现而竭尽全力地工作了。

每一天上班后，当你全身心投入工作时，低效的、漫不经心的现象就会消失。不管是谁，只要真心地喜欢上自己的工作，只要能全身心地投入工作，他就会思考怎样才能把工作做得更好，就会动脑筋寻找更有效的、更快捷的工作方法。

如果在拼命工作的同时，你还能思考如何改进工作，那么每一天你都会过得快意无比。在最开始的时候，一个人能处理的事情可能很有限，但每天在努力工作的同时开动脑筋，遇到问题反复推敲，就能得到更好的工作方法。

假如你是个推销员，为了增加销售，你是否会考虑还有没有更好的促销方案？假如你是个生产车间的员工，为了提高效率，你是否会考虑还有没有更好的生产方式？不管你是谁，不管你在哪个工作岗位上，只要你这样不断地钻研，就会出现连自己都想不到的进展。

京瓷能不断地开发新产品，开拓新市场，就是勤于思考、精益求精的结果。

我们必须要明白，你能落实多少，是你工作能力的直接反映。不以你夸夸其谈为标准，也不以你简历上罗列的各种工作经验为标准。只有凡事"竭尽全力"，我们才能不断地突破自我，提升能力，落实计划，展现能力。

4
结果导向，落实是工作目的

任何一个企业管理者都明白，所有完美的战略的制定，所有强有力的执行，所有企业文化的建设都是为了一个目的——结果。只有能够得到结果，那些战略、执行、文化才具备意义，否则毫无价值。

有的公司特别重视考勤制度建设，特别重视员工穿着打扮，百度则采取了不同的管理模式。百度一直奉行"简单、可依赖"以及平等的企业文化。在百度，只要李彦宏以及其他高管的办公室门是开着的，任何人都可以进去和他们讨论任何问题。一有想法，就马上去做，就是这种管理文化，保证了百度技术创新的效率，使得百度每天都有超过30项技术和产品更新上线。

那些还不是全部，我们来一起看看一位百度普通工程师对百度管理模式的感性提炼：

我们在百度工作，——其实更是一种生活方式，来这里你可以感

受到我们的文化，一种浓郁的工程师文化，百度的工程师这么说：

我在做世界上最酷的互联网技术。

我穿着我喜欢的衣服上班。

当9点多来上班时，公司还有免费的早餐在等着我……

处处感受到轻松，由我自己来安排自己的工作时间，我们这里是弹性工作制。

处处感受到信任，当我想玩游戏、听音乐或登录bbs时，不必小心翼翼地躲开老板……

处处感受到平等，我可以随时找任何人来讨论问题，包括公司的CEO。但我也并不总是这么轻松快活，我的工作内容非常有挑战性，有时我会绞尽脑汁，连上厕所都低头沉思。

但同时，我也体会到了巨大而实在的成就感，我发现了两点：第一，我可以用自己的技术改变这个世界、改变亿万人的生活；第二，我正在这么做！

业内顶尖高手尽是身边同事，每个新人有一位导师，言传身教、耳濡目染，绝对高水准的专业学习机会！

我不担心被隔离在核心技术之外，我做的就是真正的核心技术！我的日常工作中，就充满别人求之不得的锻炼机会，换了别处我不会成长得这么快！

在个人能力迅速提升的同时，我看到的是公司前景广阔、发展迅速，个人成长空间不受限制。

技术或管理，两条职业阶梯任我选，顺利走上我的个人发展快车道。

富有竞争力的薪金，能拥有公司的股票期权，优越的福利待遇、完善的休假制度、免费的体育活动，这些我都拥有。

技术型的公司，年轻的氛围，大家心心相印，在一起充满了乐趣，这里是我们软件工程师的乐园！

平均每天6项技术升级上线，瞧我们跑得多快啊！我们带给中国网民的，每天都是更好的体验。

大家都怀有满腔做事的激情，每当想到了什么主意，就会听到这样的话"赶紧去做！"，我们觉得最重要的是去做。

探索新的技术，总会遇到困难和失败，但不会有打击责难，同事们跟我一起分析讨论，帮我想很多办法，再去试试！

我深知技术上永无止境，我们天天在想办法，需要做的事情太多，再多一倍的人都做不过来。

我很看重对技术实事求是的态度，拿出数字再说话；特别是对于细节，要抠，极端仔细地抠，这里很适合完美主义者的生存。

他们竟然对事业抱有如此坚定的信念，当初真让我惊讶；而今你看了上面的话，是不是也觉得我的信念挺坚定的？

对了，还有一点，并非不重要，—中国人的企业、中国人的品牌、中国人的核心技术、与中国互联网共同成长；我正在充分地效力于、并真切地见证着—祖国的腾飞！

这虽是心里话，但其实平常我很少这么高调，你看到我的时候总

是在勤奋地做事，我的座右铭是：扎实做好每一天工作。

就是这样的让国有企业看似不可容忍的一系列行为，在百度却变得无比正常，宽松的管理制度也激发着百度工程师的创造力。百度的管理层不是傻瓜，他们明白，给员工自由，但不等于放弃对结果的要求，"每天都有超过30项技术和产品更新上线"就是这一管理制度带来的结果。

我曾经调研过这样一家单位，领导干部每天都在强调员工的仪容仪表，每天都会站在电梯口抓迟到，每天关注的是各种文档资料上的标点符号……他们对形式上的关注远远超过内容。我并不是说注意细节不好，相反，我一直也认为是细节决定成败，但是一个企业的细节不是靠管理层抓迟到、抓仪容决定的，而是要靠制度来维系。当制度建立以后，领导需要做的事情就应该是对战略方向的把握和对落实情况的监督，即对结果的监控。

在领导关注表象的情况下，员工们自然而然地也会将注意力相应地转移到表象当中去。这就像古代每个昏庸君主的身边都会聚集一批奸臣一样，领导的风格决定了一个组织、一个团队的性格。如果一个企业当中没有落实的文化，那也就意味着一个企业缺少了目标，没有了可执行的计划，员工们人浮于事，早晚会造成整个企业的瘫痪。

"以过程为导向"和"以结果为导向"并不是相互矛盾的，因为"以过程为导向"强调的是通过过程的保障来实现结果，"以结果为导向"强调的是所有的过程执行指向结果，两者最终的目的是高度一致的。然而我们必须要明白，多么完美的过程都必须实现预期的结果，因为所有的企业所有的模式最终都是"结果导向"型，这就如同程咬金的三板斧姿势再难看也具有杀伤力，也能把敌人消灭一样。

小贴士

　　所有组织机构的团队也好，个人也罢，必须要有"落实是工作目的"的概念，必须要明确工作的目的不是为了完成流程，而是为了实现结果。结果才是工作的目的。

5

身体力行，落实是工作态度

　　将工作落实到位是一种工作态度，我们面对每一项工作，都应该抱着认真落实的态度，才能将它做好，强烈的责任意识和积极的工作态度是抓好落实的前提和基础。

　　认真的工作态度也是为自己负责的表现。

　　在北京，如果要问哪一家的火锅最有特色，恐怕十个有九个会告诉你是"海底捞"，海底捞最大的特色就是顾客至上，服务第一。而且海底捞的案例甚至被写进了《哈佛商业评论》，并出版了《海底捞你学不会》一书。书中描述的海底捞挑选员工后要宣誓，誓言的内容是：

　　我愿意努力工作，因为我盼望明天会更好；

　　我愿意尊重每一位同事，因为我也需要大家的关心；

　　我愿意真诚，因为我需要问心无愧；

我愿意虚心接受意见，因为我们太需要成功；

我坚信，只要付出总有回报。

这就是工作态度，这就是对自己负责的态度。正是因为海底捞培养出来具有这样工作态度的员工，他们的服务才能给顾客以真正"宾至如归"的感觉。

工作态度取决于你怎么样去理解手头的工作，如果你把它当成是自己成长的历练，得到的都是自己成长的经验值，你是否还会不负责任地对待自己的生命与未来？事实上工作正是对自己的历练，所以职场中我们每个人都要以积极的态度面对每一份工作，因为每一份工作都是老板给我们的礼物。

积极的工作态度首先是中高层管理人员必备的基本素质。因为积极的工作态度需要上行下效，每一级领导干部都要身体力行、以身作则，这样才能带动员工把工作落到实处。管理者不仅仅是工作计划的制订者，更是政策、制度、规划的贯彻执行者，所以任何一级的管理者，都应该是团队的榜样。

第一，管理者应该端正态度，摆正心态，积极投入，把带领团队工作的过程视为享受，并能够从最终的落实结果中获取满足。 因为情绪是可以传染的，团队管理者的情绪尤其具有主导性，一支部队的士气不是来自于士兵，而是来自于统帅。团队亦然，如果一个项目小组的领导者每天一副垂头丧气的模样，从他走

进办公室的那一刻开始，办公室就如同乌云压顶，阴霾阵阵，那么很难相信这个团队能有士气完成任务。所以营造快乐的工作氛围是优秀的团队管理者的工作内容之一。

第二，管理者应该充分展现工作的信心，并用这种信心感染团队成员。 作为领导者，必然要用不同于普通员工的视角去看待工作，去认识项目，去了解更高一层管理者的意图。因此，只有管理者表现出足够的信心，才能带动、激发团队成员工作的激情。相反，如果管理者每天唉声叹气，向所有的团队成员表达出对工作执行的不自信，那么他也没有理由去要求别人充满信心。当一个团队的信心丧失，那就很难指望着能够将工作落实到位了。因此，保持团队工作的信心与激情是优秀管理者必须具备的基本能力。

第三，管理者应该率先表现出爱岗敬业的态度。 作为管理者，示范作用是第一位的。如果一个项目总监，每天都抱怨自己的工作，抱怨公司，抱怨领导，抱怨下属，表现出对工作极端的厌倦，没有任何的职业修养，那么他怎么能带领团队完成任务？怎么能落实到位？我曾经遭遇过这样一位团队管理者，在团队中他时常直接表达出对领导的不满，对工作的不满，并在部门工作会议上公开要求其团队员工不得配合其他部门的工作，这样的工作态度让团队员工十分不解，但是只能执行，很快，他们也被其他部门所孤立。在这样的情况下，不管你有多少才能，工作不能正常进行，也只能被赶出团队。

一个人只有热爱自己的工作，才能全身心地投入，如果工作仅仅变成了为谋生而干活，那么他所能感受到的只有疲惫，没有快乐，更谈不上爱岗敬业。在这样的情况下，谈何执行、落实、带领团队？

管理者必备的是这样的积极心态，对于普通员工来说更应该如此。

首先，我们每个人必须要明白，我们不会永远处于职场的底层，每个人都应该为自己未来的成长做好足够的准备，因此必须要有踏踏实实做好每一件事的心态。只有执行好现在的工作，只有落实好领导交办的每一项任务，我们才能接触到更高的职位，得到更多的锻炼，拥有更广阔的视野。

其次，打工也是创业，打工是创业的基础。如果一个人在基层的时候都养不成事事落实的好习惯，那么他在未来又怎么能具备领导团队的能力？如果一个人在打工的时候都没有认真对待自己工作的经验过程，那么他在未来又怎么能面对困难重重的创业历程？

最后，只有把落实当成一种实实在在的工作态度，才能切切实实地把落实当成工作习惯、工作要求、工作目的。

小贴士

只有高度看重落实，才是一种积极的工作态度。这种工作态度不仅决定了我们的工作效果，也决定了我们的职场地位，更决定了我们的未来。

第三章

落实要到位，认识要跟上

1

工作就是信仰，树目标、正方向

前文曾经说过，落实工作需要足够的信心，信心源自哪里？源自于对自己能力的肯定和方向的确定，一个人只有在确定了方向，肯定了自己的能力后，才能够有足够的信心去落实好每一项工作。

从这个意义上来说，工作是一种信仰，落实是追逐信仰的方式。

李叔同，近百年来中国文化史上公认的才子，也是我国著名的书画篆刻家、音乐家、戏剧家、教育家、诗人、学者，在诸多文化领域中都有较高的建树。李叔同本可以成为一代文学艺术大家，而最终他却抛弃娇妻爱子，遁入空门。他选择了最为艰苦的律宗来修，他说只有这样才能得到解脱，他曾立下四誓：一，放下万缘，一心系佛，宁堕地狱，不作寺院主持；二，戒除一切虚文缛节，在简易而普遍的方式下，令法音宣流，不开大法，不作法师；三，拒绝一切名利的供养与沽求，度行云流水生涯，粗茶淡饭，一衣一袖，鞠躬尽瘁，誓成佛道；四，为僧界现状，誓志创立风范，令人

恭敬三宝，老实念佛，精严戒律，以戒为师。

是什么让他下了那么大的决心抛开无限"尘世美"，从此跳出三界外，不在五行中？并甘愿以此四誓严格要求自己？从锦衣玉食美女环绕到粗茶淡饭清心寡欲，是什么让他下了这么大的决心？是信仰。

我们能够看到古今中外，无论是基督教、佛教还是伊斯兰教，都有让人们赴汤蹈火、一往无前的力量。基督教中有耶稣为信仰而钉于十字架上，佛当年在修菩萨道时能割肉喂鹰，以身饲虎，伊斯兰教义则强调："每一个穆斯林都应当施舍，无钱施舍则用自己的双手做工，他自己有钱用，还可以施济别人，不能做工的可以给人帮忙，不能帮忙的，他可以劝人行善，不能劝人的，他自己不要作恶，不作恶也算施舍。"

在这样的宗教信仰之下，信徒们一代代的艰苦努力，不放弃自己的追求，哪怕是一项砍柴、撞钟的工作都做得认真细致。

为什么会这样？因为信仰给人以方向，给人以向这个方向努力的信心。

2011年是中国辛亥革命胜利100周年，也是中国共产党成立90周年，还是中国工农红军长征胜利75周年。这是中国近代史上最具影响力的三件大事，为了实现人民当家做主，中国富强的理想，从100年前开始中国革命的先驱者们就在"民主"的大旗下抛头颅、洒热血，开始了漫长而艰难的革命征程。无论是三民主义还是共产主义，都给了革命者以信仰、方向，从黄花岗七十二烈士到李大钊、闻一多、李公朴再到长征路上倒下的一个个革命先驱，他们的勇气、执著就来自于他们内心伟大的信仰，这信仰让人们激发出一切勇气、能量，使人们奋发图强。

《百年潮》2011年第4期上刊登了一篇《张学良谈国民党为什么打不过共产党》，其中张学良在分析国民党失败的原因时说，"国民党打不过共产党的原因，也就是没有中心思想。""所谓信仰是从内心发出来的，属于自个儿的……信仰不是旁人给你加上的。""那三民主义，真正的三民主义到底是怎么回事？我可以说多数人不知道。背总理遗嘱，就在那儿背，他的真正彻底的意思在什么地方？谁也没有深刻地研究。"就像"中国的老太婆子，整天嘟嘟囔囔'阿弥陀佛'，你问她'阿弥陀佛'什么意思，她不知道。"

宗教是一种信仰，对于僧侣而言，无论是吃斋念佛、担水敲钟还是弘扬佛法都是他们的工作，这一工作的目的是为了实现慈悲、达到西天极乐或者天堂；革命也是一种信仰，对于革命者而言不管是从事何种工作分工，实现民主，都是为了实现民族独立与祖国强大的梦想。有了信仰，有了梦想，有了信心，有了使命感，于是才有了奋不顾身、赴汤蹈火的勇气，才有了不屈不挠的斗志，才有了面壁十年图破壁的执著。

只有为信仰而工作才能使人鼓足信心，才能使人看到无限的希望，才能激发人的灵感，发挥人的主观能动性，才能把人的能量发挥到极致。

我们如今面临的最大的问题恰恰是没有了信仰，于是没有了使命。工作不再是伟大的事情，不再是实现全人类共产主义征程上的一环，工作只是赚钱的手段，是为了实现物欲的途径，是养家糊口的渠道。人们可以为了钱出卖一切，更不要说保持梦想。于是工作就成了负担，人们认为生活的困顿往往来自于工作的压抑，却没有想到是因为我们糟蹋了工作的本质。人们为了生存去工作，去赚钱，去违背主观愿望，不再甘受清贫，不再追求梦想，不再执著于专业、理想，而是以每月的工资额度，以拿到的那些钞票来衡量自己的价值。于是少出力多赚钱成为梦想。

的确，当赚钱成为工作的手段，当梦想被钞票埋葬的时候，我们还能指望职场上的人们能创造什么工作奇迹吗？我们还能以为自己能够不断超越自我，不断升华人生吗？

打篮球是姚明的工作，打高尔夫是伍兹的工作，跨栏是刘翔的工作，如今他们都是其所在领域的佼佼者，取得了令人艳羡、瞩目、敬佩的成就。可是，姚明是不是在球场上一定要去想，命中一个球赚多少钱？伍兹会不会想进一洞赚多少钱？刘翔会不会想跨一个栏赚多少钱？我想不会的。

钞票是对工作的报酬之一，却不是工作的唯一目的，更不是最终目的。他们所有人在运动场上想到的只是运动，只是不断超越，当超越所有人后，他们就去超越自我，而不是赚钱。

　　在工作当中，我经常会遇到这样一类员工，他们就像职业杀手——不拿钱不干活。他们严格遵照公司合同中限定的上下班时间考勤制度，早到一分钟都会觉得自己吃亏了。他们的工作一定是严格遵照所在职位的既定职责，稍有超出他们就会去计较工资，他们最常说的三个字是"凭什么？"我们不能说他们错了，但是当你向上司说出"凭什么"三个字的时候，在你要求升职加薪的时候，上司同样也会问你"凭什么"。

　　所以，工作是一种信仰。当你为了把工作做到极致去努力的时候，就像姚明把篮球打到了最好，刘翔把跨栏跨到了最好，伍兹把高尔夫打到了极致，这个时候财富自然向你聚集。只有工作成为信仰，人们的工作才能有目标，才能以超越赚钱的心态去努力奋斗，才能达到超越期望的结果。

2
领悟领导意图，不蛮干、不盲从

江苏卫视《职来职往》节目中，一个求职者登场，我们不妨称之为"某男"，看看他与现场招聘嘉宾之间的对白吧：

嘉宾问：你有什么能让我们看到你胜任这一职位的优点？

某男答：我老实。

嘉宾问：我问的是能表现出来的。

某男答：我会下叉。

嘉宾问：我问的是能胜任这个职位的能力。

某男答：我……我……我……

嘉宾问：有活动执行的兼职经历吗？

某男答：有，我大学四年一直在某婚庆公司兼职做助理。

嘉宾问：给我说说婚礼上新郎让新娘感动得流泪的方式，你经历过的就好。

某男答：有……唱歌，还有很多。

这个求职者"某男"的表现在职场中并不少见——不能充分领会工作指令，嘉宾提出的问题已经很明确"你有什么能让我们看到你胜任这一职位的优点"，可是他的回答却一直没有抓到重点。

工作中有很多人也面临这样的问题，领导交办的任务是向左走一百步，而他却偏偏向前走了一百五十步。诚然，他执行了领导的指令——走，并且超额付出了劳动——一百五十步大大超过要求的五十步，但是他偏离了方向。所以即便他多走了五十步，在领导的眼里不但不如不走，还等于画蛇添足付出了不应该付出的代价。这样的员工往往做得很辛苦，却总是得不到上司的赏识，甚至他自己都会抱怨"我明明做了啊，为什么领导总是认为我没做呢？"事实上他就是没做，甚至不如不做，因为方向错了，执行能力越强，做得越多，也就意味着错误的代价越大。

所以正确领会领导意图，不蛮干、不盲从很重要。领会了领导意图，也就等于找到了落实工作的捷径，那么如何正确领悟领导意图呢？

第一，努力领会组织战略目标，锻炼站在宏观的角度上去看待问题的能力。不管是军队也好，公司也罢，或者是政府机构，每一个组织机构在每一个阶段都有自己的战略目标，只有充分领悟了战略目标，站在领导的角度上去思考问题，才能在落实的时候充分领悟领导的意图。如果你只是看到了工作的一部分，那么在日常工作当中难免会没有全局观、大局观，甚至会因为不能领悟领导意图而破坏整个组织的战略规划。

第二，听其言、观其行、察其微。日常工作当中要多留心领导的点滴表现，掌握领导的思维模式、工作思路、言谈特点。尤其对领导的言语要善于记录，特别是领导处理工作时的言语和平时的零星碎语，一定要善于收集，因为这些都能体现出领导对待事情的态度，对事物的看法和立场。每个领导都有不同的思维模式与工作方式，作为下属应该积极适应领导的工作方法，而不能等待着领导去适应下属。只有日常工作当中多观察，你才能掌握领导的思维动向，在落实工作的时候才能充分领会领导精神，才不至于走错路或多走路。

第三，多沟通，多思考。很多职场中人都只是"低头拉车"，很少懂得"抬头看路"，只会低头苦干，却很少与上司沟通。沟通是一件大问题，沟通成本甚至是组织中最大的成本。有些员工往往会认为多与领导沟通不仅会给同事留下拍马溜须的嫌疑，还会让领导认为自己领悟能力太差。其实这大可不必，工作就是工作，只要是为了工作而沟通，这些疑虑都是多余的。对于同事而言，你能做出成绩是最重要的，不因你亲近或者远离领导而改变；对于上司而言，你能领悟他的意图是最关键的，不会因你多问几个为什么而改变。

当你不明白或者没有搞清楚领导指令的时候，不要贸然行动，不妨多问几个为什么，多提出自己的疑虑，并且要在落实过程当中多汇报，多请示，多寻求指导。谨慎落实，要比盲目的蛮干强得多，也没有哪个领导会拒绝下属为了保证落实的效果而提出问题。

就怕是有些明明没有搞明白领导想要做什么，却又不好意思、懒得开口甚至自以为是地去落实，所以要端正心态，凡事多与上司进行沟通，在充分理解、领会上司意图的前提之下再去抓落实。盲目的落实只会带来负面的效果。

第四，多查缺补漏，提升能力。当上司布置下一项任务时，如果你没有足够的能力，同样不能实现领导意图。所以当任务下达后，就要马上研究落实的方法和所需要的资源以及自身能力，如果发现落实工作中自身有某些方面的欠缺，要么借助外部资源，要么马上提升自我能力，只有这样，才能圆满完成上司交代的任务。

小贴士

在日常工作中我们一定要明确，在正确的方向下抓紧落实，才是落实工作的第一要务，因此我们必须要时刻充分领会领导意图。

3

端正工作态度，重使命、轻权位

司马迁说"天下熙熙皆为利来，天下攘攘皆为利往。夫千乘之王，万家之侯，百室之君，尚犹患贫，而况匹夫……"千百年来人们的生活状态莫不如此，当社会发展到今天，人们对财富、权力的追求仍不遗余力。然而我们必须也要看到，那些能在自己的岗位做出成就的人无一不是具有强烈的使命感的。

马克思曾说过："作为确定的人，现实的人，你就有规定，就有使命，就有任务，至于你是否意识到这一点，那是无所谓的。这个任务是由于你的需要及其与现存世界的联系而产生的。"使命从何而来？来自于人生的定位，来自于工作的职责。每个人一生当中都有不同的角色，不管是父母、子女、上司、下属还是丈夫、妻子……每个角色都注定有不同的使命，这些角色所承载的使命共同构成了生命的价值。

以司马迁为例，我们先看他的成就，《史记》是中国第一部纪传体通史，被鲁迅先生誉为"史家之绝唱，无韵之离骚"，与《资治通鉴》并列为史学"双壁"，名列四史之首（《史记》、《汉书》、《后汉书》和《三国志》）。而司马迁本人因此被后人尊称为"史迁"、"史圣"，与司马光并称为"史学两司马"，与司马相如并称为"文章西汉两司马"。

这样伟大的成就出自一个什么样的人之手呢？一个坐过大牢的人，一个身受"宫刑"的人。

是什么支撑司马迁耗尽一生的精力完成了这一伟大作品？是皇帝给了他锦衣玉食吗？不是，而仅仅是为了一句客观的评价，他才受尽了凌辱；是为了名利吗？自然不是，那个年代没有今天的电视、报纸、互联网，没有人会注意到这样一个人在勤勤恳恳地整理着3000年的历史。不为名不为利，司马迁为了什么？

为了使命，他的使命来自于父亲的遗愿，也来自于他对自身职责的看重——他是史官，记录历史是他当仁不让的使命，于是他竭尽全力、耗尽生命完成了这部巨著。

反思我们大多数人的工作状态，不过是为了赚一份工资，谋一个职位罢了，按时上下班，事不关己高高挂起，使命感只存于教科书中，不会存在于多数人的身上。名利是人们不变的追求，尤其职场当中，如果没有名利的刺激不会有人去努力工作。

但是我们必须明确的是你单纯地为赚钱和升职而工作还是为了使命工作？哪一个应该放在更加重要的位置上？

　　我所在的公司曾经有一个总监，北大光华管理学院MBA，头顶的光环足以令人艳羡。我相信以他的能力完全可以在工作中独当一面，为组织目标的达成做出卓越的贡献。但是很可惜，这位总监所有的事情都以利益交换为前提，即便是同事之间正常的团队配合需要协调帮助的时候，他也会先问问"我的好处在哪里"。不言而喻，团队的合作是项目成功的基础，在当今社会分工之下，没有谁能够做孤胆英雄凭借一己之力完成组织目标。这位总监不仅在同事之间计较利益，与上司同样斤斤计较工作中的利益得失，甚至公开表示"我的工作目的就是为了赚钱与升职"。在这样的情况下，这位总监的日常工作丝毫得不到同事的配合，甚至导致同事们联合起来排斥他，上司也对他充满了不满。不久，这位总监就被公司辞退。

　　辞退后，公司领导层针对这次事件开了一个专门的工作会议，董事长在会议上开门见山地说："我从来不会有负于每一个追随我的人，因为我知道报酬是工作所得，但是我希望所有的员工都记住当一个人仅仅为了报酬与职位去努力的时候，他在我这里终将什么都得不到，我需要的是有使命感的员工，而不是单纯为了赚钱的员工。这样的员工升职的目的也不过是为了与职位匹配的工资，而不是他肩上承担的沉甸甸的使命感。"

　　不管唐骏的学历是真是假，至少目前没有人能够超越唐骏在职场上的成就，唐骏在一次演讲中曾谈到使命感，他说"我们职业经理人最重要的使命是什么？给企业带来价值。是否真的给所服务的企业带来最大的价值，这才是真正的职业经理人所应该拥有的使命感，无论在过去的微软也好，盛大也好，我相信一个职业经理人给企业带来的不止是光环，不止是名声，更重要的是你是否给企业带来真正的价值"。

在职场中，总是不乏徇私舞弊、假公济私之徒，他们眼里看到的只是自己工作上如何能够利用公司平台实现个人利益最大化，并为此不惜损害同事、公司利益。他们甚至认为这是理所应当的，于是他们疯狂地攫取公司资源，一旦遭遇同事对他们私欲的不配合便会予以打压、排挤，直至实现个人小目标为止。人们的日常生活中绝大部分时间都在工作，如果一个人缺乏职业道德，也就意味着这个人丧失了道德，一个没有道德的人怎么会得到别人的尊重？又谈何得到他人的认可？更谈不上领导的欣赏。

小贴士

如果一个人只是为了工资去工作，丝毫没有使命感，就不会有责任心，因为你完成任务的目的不是为了让工作变得更加完美，而只是为了赚钱。只有把为企业带来价值这一使命感始终如一地放在首要位置，才能最终达到自己的职场巅峰。

4
保持奋斗理想，不抛弃、不放弃

　　我所在的部门是一个纯文字处理部门，整个部门的工作每天都围绕着写报告、写总结、写新闻稿展开，甚至有时候要在八小时之外面对突如其来的稿件任务，日复一日、年复一年，面对的永远是一个个文字，一个个标点符号。如果没有对这份工作足够的激情，恐怕很多人都没法坚持到底。

　　其实每一份工作，不论是做什么都是单调而枯燥的重复，甚至是简单的重复，就如同小和尚撞钟一般，不论是谁都很难一如既往地保持对工作的激情。于是我们能够看到主动离职、跳槽频发的现象。人们跳槽的原因多数并非仅仅是因为工作收入不够多，而是因为工作激情的退却。

　　没有了兴趣爱好的支撑，工作将变得单调而乏味，甚至令人厌恶。人们之所以能够成功不在于有多么智慧，不在于有多少机遇，而在于是否能坚持到底。

　　在前一段时间的热播剧《士兵突击》中成功展现了当代士兵许三多的形象，许三多来自农村，文凭不高，能力也谈不上强，性格与现代社会甚至有着格格不入的"拧"。但是在他身上有一种精神，就是无怨无悔不放弃。他把"兵"的责任尽到了极致。其中"不放弃、不抛弃"的精神感动了无数人，成为这些年来最具励志精神的六个字。这六个字不单单是电视剧中钢七连的精神，也是整个电视剧的灵魂思想。这六个字不仅仅是对每个士兵自身的要求，也是对整个团队的要求，也就是不但自己要对职责"不抛弃、不放弃"，也要对身边的每一个战友都要做到"不抛弃、不放弃"。因为不抛弃、不放弃才有责任、有希望，才让许三多知道　"有意义就是好好活着，活着就是做有意义的事！"，最终，许三多成为中国人民解放军精英部队"老A"中的一员，成为优秀士兵中的一员。

　　电视剧播出后，感动了中国。一部纯粹男人的戏在这个处处是风花雪月爱来爱去的影视剧市场中脱颖而出的原因是什么？就是片中"不抛弃、不放弃"的精神。傻傻憨憨的许三多之所以能够坚持到最后凭借的是什么？是心中的希望。能够克服自身条件、周围环境带来的种种困难而出类拔萃靠的是什么？是执著，是不灭的激情。

　　许三多被派到了红三连五班——被称为"班长的坟墓、孬兵的天堂"的空旷的哨所，那里只有一个班长三个兵，四周是方圆几十公里的荒原。那里枯燥而乏味，士兵们甚至都快患上了抑郁症，基本每天就是打牌、喝酒，整日无所事事。许三多的到来让这里开始

发生改变。这个小个子新兵凭借着一股子激情，又是修路又是练习瞄准又是一个人练队列踢正步，好像一切都跟在团部的军营中一样。他没有沉沦，他没有放弃，正因为如此，傻傻的他最终被发掘并成为榜样，甚至得到了团长的赏识。

"不抛弃、不放弃"的精神成就了许三多，这种精神看起来傻，其实是每个人必须要有的精神。在很多人的职场生涯中，会遭遇无数的困难、挫折，有的人临阵脱逃了，有的人主动缴械了，他们也就与成功擦肩而过。

我认为，**在做任何工作之前都应该树立正确的心态，都应该明白克服困难才是落实的意义、目的，而想战胜困难首先必备的心态就是保持激情**。激情来自哪里？来自内心对工作的认同，对组织目标的理解，对团队的认可。如果没有这些做前提，每个人都很快可能沦为逃兵，历史上无数的逃兵、叛徒首先是对信仰产生了动摇，然后才是对自己的生命受到的威胁产生了恐慌，那些有信仰支撑的人，认同革命目标的人，却可以保持"我自横刀向天笑，去留肝胆两昆仑"的豪迈与激情。

任何一个组织当中都有那些喜欢逃避困难的人，他们分布于各个角落，严重影响着团队的士气，甚至带来各种不和谐的声音，面对这样的人，领导层只会采取一个措施，就是辞退。因为首先抛弃、放弃自己的人，怎么能得到别人的帮助？团队帮助的是那些即便能力不强，但是保持激情对自己不抛弃、不放弃的人。

　　如果是因为困难挫折，我们似乎还能谅解——毕竟有个说得过去的原因，可是还有些人，并不是因为遭遇了客观存在的困难，而是遭遇了自己臆造的困难，遭遇了自己激情退却带来的难关而无法逾越。经常会看到一些人，不是能力不行，他们可能有着高学历，也有着行业丰富的工作经验，但是却往往因为遭遇职场激情冷却而对工作产生倦怠，由曾经的雄心万丈沦为得过且过。曾经那些"不抛弃、不放弃"的信念也早已经"抛弃、放弃"到九霄云外，生活的压力和年龄的增长让人们没有了任何奋斗的激情，剩下的只是随波逐流。

　　要想保持长久的激情，就要善于从所从事的工作中寻找乐趣，乐趣来自哪里？来自对工作内容的认可，对工作环境的认可，对组织目标的认可。对工作内容的认可是与自身喜好匹配相呼应的，譬如对于一个人，一边是喜欢的编辑工作但是工资偏低，一边是极其厌恶的会计工作但是工资比较高。这个人从能力上都能胜任这两项工作，那么哪一个才是他正确的选择？

　　可能很多人会选择会计，但是一个自己不喜欢的工作必然会产生被动去做的情绪，感觉一切都是迫于压力，在这样的情绪主导下，怎么能产生积极的心态？怎么会有工作的激情？又谈何认可工作环境、认同组织目标？

小贴士

　　所以，我们都要在兴趣爱好之下去工作，只有这样才能保持激情，也只有这样，才能有不抛弃、不放弃的动力，才能取得卓越的成就。

5
凡事能屈能伸，不自大、不自卑

现在工作当中我们最经常遇到的两类人是——"太拿自己当回事"以及"太不把自己当回事"。这是两种什么样的心态呢？"太拿自己当回事"事实上就是摆架子，就是狂妄，就是恃才傲物；"太不把自己当回事"就是气馁，就是自卑，就是把自己的位置放得过低，低到了真的让人看不起的地步。

如今似乎已经不再提倡"酒香不怕巷子深"，随着求职越来越难，职场竞争压力越来越大，人们更愿意有意无意地把自己包装成无所不能的高手，以证明自己存在的价值；同时人情的冷漠，职场的残酷又让所有人似乎正在关闭心门，把自己严严实实地包裹起来，并用高傲的外在让自己看起来强大无比。极度自我意识的崛起，"学习雷锋好榜样"时代的终结让所有的职场中人不再奉行"谦虚使人进步"的教导，而是张扬个性，甚至处处透露出霸气。于是在工作当中经常能够看到一批职业经理人或者有了些许工作经

验的年轻人，在日常工作中表现得像个刺猬，他们不允许自己被否定，一旦遭遇不同意见，他们往往会认为那是对个人能力的否定而不是对工作结果负责的表现。

"太拿自己当回事"外在的表现往往是强势的张扬个性，不允许他人的反对，听不得不同的声音，更不接受别人的批评。而事实上这一心理本质上是内心缺乏安全感，担心被取代，担心被小看。

我曾经遇到过这样一位公司的总监，要说能力，肯定是有一些的，因为毕竟是做出过一些成就的。但要说能力很强，那肯定是要打折的。这位总监无论何时都是自信满满，对于自己提出的工作方案常常肯定地陈述"绝对没有问题"、"相信我"、"这件事我比你懂"。他高傲的态度让同事们在参与他的"只能"范围内的业务讨论时，时常默不作声，不予提供意见。越是这样，他就越是以为自己能力卓越、无人匹敌。俗话说"满招损、谦受益"，在这样的心态下，他的骄纵使他最终尝到了苦果。在一次项目中，因为缺乏了同事的意见，缺少了同事的配合，原本很明显的工作错误他没有发现，使得工作遭受了重创，受到公司降级减薪通报批评的处理。

从落实的角度上来讲，太拿自己当回事就会如同上文提及的那位总监，不能听取他人意见，就不能及时发现工作错误。在一个讲究团队合作的年代，没有谁能够成为孤胆英雄。因此我们每个人都应该适时放低自己的位置，人家可以把你当回事，但是你必须不能太拿自己当回事。

　　萧伯纳是英国著名戏剧家，曾经名扬欧洲，一次在俄国访问时，他曾在莫斯科大街上与一个可爱的小姑娘玩了一会儿。分手的时候，萧伯纳告诉小女孩："回去告诉你妈妈，今天同你玩耍的是英国戏剧家萧伯纳。"谁知道小女孩淡淡地看了他一眼，毫无兴奋的表情，相反学着他的口气说："你也回去告诉你妈妈，今天同你玩耍的是小女孩安妮。"萧伯纳闻言大吃一惊，他立刻意识到自己"太拿自己当回事"了，他立刻意识到，一个人无论在自己的领域内有多么出名，也不代表他走到哪里都有人买账。后来他与朋友谈到此事时意味深长地说："萧伯纳又怎么样？在小女孩眼中，我与她就别无二致。"

　　萧伯纳尚且如此，何况我们普通人呢？在工作中，你或许已经取得了卓越的成就，但是那些"卓越"都只是对你过去成就的认可，并不等于你未来的成就。让我们引以为傲的究竟是什么？我们盛气凌人的资本究竟是什么？只是过去吗？每个人都不能保证自己是常胜将军，不能保证每一个项目的执行都能落实到位，所以对于那些过去的"丰功伟绩"最好的方式就是"放下"，而不是时刻"拿起"用以炫耀。

　　"太拿自己当回事"不行，"太不把自己当回事"也不行。后者的自卑在工作当中的直接反应是授权之下依然畏首畏尾，放不开，拿不起，做事缺乏魄力。在自卑心理的主导下，工作落实中必然是面对领导的指令心存畏惧。自卑是什么？自卑出于两种心理，

一种是对自己能力的不自信，是缺乏必要的工作成就感以及自我认可与组织认同；另一种是欠缺对工作后果的担当，对可能落实不到位的工作后果缺乏承担的责任心，害怕因为失败而引起的责任追究。在这两种心理的共同作用之下产生了"太不把自己当回事"的心理，在工作上每天都是混日子，对于工作任务能推就推，能逃就逃，甚至有些员工的辞职并不是因为待遇不好，也不是因为有了更好的去处，而是因为害怕承担，不能承担。

同样的，不自卑的自信心理来自于三个方面，一是个人能力的不断提升；二是对工作落实后果的担当能力；三是管理者对于执行者落实结果的认可程度。因此自信的心理关键在于提升个人能力，提升落实能力，能力的提升保证了落实的质量，自然也就提升了承担责任的资本。同时需要引起注意的是，身为领导者要对执行者有切实的激励手段，使其不断树立承担责任的信心，而不是打压其积极性。

小贴士

不管是过于自负还是过于自卑都是落实工作的两大敌对因素，因此在工作当中必须要克服这两种极端心理，大丈夫能屈能伸，不计较一时得失胜负，"生死成败何足惧，毁誉得失总相忘"。无论是生活还是工作，都要树立积极的心态，因为心态决定你的选择，选择决定了命运的走向。

第四章

落实要到位，小事要重视

1

少说多做，一件实事胜过一千句承诺

江苏卫视办得很火的一档电视节目叫《职来职往》，妙嘴云集。十八位评审中，智力方的杨石头妙语连珠，受到很多人的认同和关注。他曾经说过这样一句话：**无论是工作还是做人，傻子才用嘴说话，聪明的人用脑子说话，智慧的人用心说话。**用心都是良苦的，需要真正付出辛苦和汗水，需要用事实来证明自己的能力和忠诚。而嘴巴上的承诺只能换来一时的信任和赞扬，若不付诸行动，那种承诺也只能带给你职场路上的不幸。所以，少说多做，多办实事，才是赢得上司信任、同事肯定的铁的定律。

有个民办大学的应届毕业生，在参加这档节目时，口若悬河地阐述了自己在大学期间如何学习专业知识和参加各类活动，并表明最佩服和喜爱的电视剧人物是白娘子。创可贴吧的创始人是当时的评审之一，是个美国人，他不知道白娘子是谁，他说你既然学的是

英语专业，那我提一个很简单问题，用英语来告诉我你刚刚提到的白娘子究竟是个什么人物。结果这个女孩吭吭哧哧了半天也没说出一句完整的话能让大家弄明白这个人其实就是一条蛇变的。当评委对她的专业知识提出质疑时，她竟然还在为自己做冠冕堂皇的辩解。可想而知，她之后的语言在那种场合下变得多么苍白无力，因为她的行动已经告诉大家结果了。她如果口若悬河地用英语介绍了这个人物，即便开场的自我中文介绍再简单也会得到评委们的一致认可的。

马云嘴巴的名气可能比他本人的名气还要大，很多人知道那是因为他在各种场合、各类节目中的精彩演讲和经典点评，而不是他的企业家身份和商界影响力。马云说的很多话都已经集结成册，被编辑成了经典语录供世人学习分享。但我们要弄清楚的是，马云的话之所以如此有说服力，之所以被大家所推崇和信任，是源于他不仅仅是一个会说话的人，会说的前提是他已经成功领导创办了阿里巴巴集团和个人拍卖网站淘宝网，并获得了巨大利润，开创了中国网商新时代，成为中国最具影响力的商业领袖之一。

我相信一个在事业上获得极大成功的人才是真正有发言权的人。马云在没有成功之前说过的很多话，都被有的人当成是大话疯话来听的，而当他的成功验证了那些话确实是掷地有声的许诺时，也就不再有人会怀疑他的话的可信度了。他没有说空话大话，他用实际行动证明了自己的正确选择。这也是日后他的话被奉为经典语录的最重要的原因。

当然，我们不是鼓励你在做事之前一定要有所承诺，而是说你在承诺之前要做足准备工作，要保证自己的话能够变成现实并被大家所认可。光说不练，还不如不说只练，做一件实事比说一万句空话来得更实在。如果一定要成为马云那样的人物，让自己的话变成大家学习的最爱，首先要学会的就是少说多做，做出成绩后的语言更有含金量和可信度。

其实工作中最怕的就是光说不练的主。领导永远是在某一方面或某一些方面比我们强的人，尤其在看人和验人方面，作为属下的就不要妄加揣测或怀疑了。即使你侥幸光凭自己的能说会道就取得领导的信任，那必定只是短暂并且十分心虚的一段时间，早晚你都有露出破绽的一天。在工作中多做少说、用业绩为自己说话的人才是最明智的人。当每一个成功案例摆在领导面前时，给你打分时自然低不了，有重要的工作安排也自然少不了你，你的工作能力和晋升空间都会在这种安排中得到极大的锻炼和提升。这是一种职场中的良性循环。

在团队合作中，多办实事的员工也是大家愿意合作的对象。一个只动口不动手或者拿不出点真本事的家伙恐怕谁都懒得去搭伙，因为这样的人在团队合作中没有任何价值，相反还可能给这个团队

抹黑或者拽团队的后腿。倘若作为一个团队的领导者，要想自己的话语有力度也是需要真材实料做基础的，否则话多话少都是零。当然，行动胜于语言也并非将语言置于无用之地，有时没有语言做指导的行动也会变成一个更大的谎言。所以，我们需要一个语言指导者，只是这个指导者应该是和我们一样付出过心血和汗水并且取得过成就的人，应该是用自己的行动和成绩搭建了今天的阶梯的人。

某公司在招聘一个人力资源经理时，历经两个月竟毫无结果。不是中国没人了，也不是公司的高管有问题。而是公司希望这次招聘的HR经理不只是做过HR，而是在销售、管理等各方面都有所经历和建树的人，因为公司这次招聘的经理主要负责的就是对全国各个区域的销售人员进行人事行政的管理，没有做过相关工作的人是很难胜任的。五个月后，公司从猎头提供的备选人员中选定了一个学历不高，但却是从销售到公关到管理的综合型的HR管理人员。他的话不多，但句句有力，句句都是从实践中得出的论道。

古人有言："吾尝终日而思矣，不如须臾之所学。"我想也可以这样改一下："吾尝终日而言矣，不如须臾之所为。"少说多做，用事实来兑现承诺，因为办实事胜过许承诺。这是每一个正在工作的人应该牢记的。

2
谨慎小心，每一个细节都能决定成败

细节是什么？细节是汽车上的一颗小螺丝钉，是楼房上的一块砖头，是电脑上的一个按钮，是手术时落在人体中的一个线头。细节就是名画家笔下点睛的那一笔，多了这笔就可能是举世之作，少了这笔就可能成为平庸之作。

其实说白了，关注细节就是做好每一件小事。小事之所以小，是因为很多人并不在意。我们总是认为把大方向把握好了，小事就让别人去想去做吧。而这种想法恰恰就是最终导致我们不能取得成功的绊脚石，严重一点说，是把我们送往失败之路的致命黑手。人的工作职责拆开来看就是一件小事叠加一件小事构成的，部门领导在编制属下们的工作职责时，就是充分考虑不同岗位的员工需要做好的每一件小事，然后用尽量简洁的语言表述出来。而我们需要做的就是把每一条工作职责（每一件小事）再拆成更小的工作职责

（更小的小事），然后充分学习落实。一个细节考虑不周，就能让一个计划或一个项目全盘皆输。而相反，每个细节都考虑到并落实好了，就能让你的事业节节攀升。

我在一档访谈节目中知道了一个我从未关注过的领域的领军人物，他叫陈永青，是中国天骄特保安全顾问有限公司的创始人、董事长。他从事的是一项给人提供保镖的职业，现在业内很有名气。他训练队员的手段非常尖刻而严酷。为了训练队员高度的忍耐力和注意力，他规定在每天的训练项目中要狠狠煽队员的耳光，煽完之后队员不能有任何负面反应还要大喊一声好，以防止队员在执行任务的过程中受到数落或无理打击时，做出不利举动或反应过激。就是这每天的一巴掌保证了公司成立至今从未因此类事件与客户发生过冲突。陈永青不放过每一个训练的细节，并没有因为事例简单而不去做，不打这一巴掌就可能在某些状况中失去很多回头客，甚至会毁掉公司的信誉。

苹果公司是互联网时代全球最伟大的公司之一，《财富》杂志曾这样评价苹果公司："苹果公司喜欢聘请那些永不满足的人。设计师必须疯狂地关注产品的每一个细节，例如MacBook Air笔记本电脑背面的螺丝钉的螺纹，以及隐藏接口处看上去显然没有任何痕迹的小门。如果你在谈论这些内容时，没有两眼放光，就不配进入苹果公司。"

那么，怎样才能做到抓好细节呢？怎样才能让我们的每一项工作都尽量做到尽善尽美呢？以下几点建议或许可供参考。

一、有效管理时间

一个不会有效管理时间的人是不称职的，更谈不上抓好细节。细节的完成是在时间中逐渐体现的，每一项工作都可以划分成若干部分，每一部分都要保证有质量、有效率的完成才不会影响整体工作的进度和质量。质量和进度的保证离不开对细节的控制，但若不能管理好时间，发现细节问题时已经接近工作尾声，再手忙脚乱地加以修改和完善，或者为了赶时间而忽略很多细节，工作完成了再回头找漏洞，都无法保证工作如期高质交付。管理好时间既是对自己的负责也是对工作的负责，是做到抓好细节的保证。

二、做足事前准备

这一点不难理解。在做任何工作之前都要做好足够的准备，这是漂亮地完成工作的前提之一。把工作的每个细节在执行之前都考虑到，一一备注出来，执行过程中，在涉及那些细节时就能引起足够的重视而不会忽略。

三、学好专业知识（或与工作相关的知识）

学好专业知识或与工作相关的知识是完成一项工作的最重要的保证。俗话说"巧妇难为无米之炊"，一个不会木工活的人怎么能做成一套家具？同样的道理，一个不会CAD制图软件的人怎么利用计

算机及其图形设备设计图纸呢？接到一项任务，首先要知道拿什么本事来完成，所有和任务相关的知识都应手到擒来才是，什么都不懂的自然不必提了，一知半解的要到应用时才开始学习，恐怕为时已晚。其次才是知道完成这项工作要注意哪些细节，这些细节会对工作有哪些影响，好的还是坏的。

四、养成良好习惯

抓好细节就是做好小事。生活习惯完全能够影响到我们的日常工作习惯。喜欢晚睡晚起就难免会迟到；习惯做事毛糙就难免工作完成得稀里糊涂；生活很少计划就难免做事缺乏条理；不喜欢社交活动就难免沟通有障碍。所以不论是工作还是生活，都要事事养成良好的习惯，这对我们的个人生活和对公司工作的精细化都有很好的指导性。

五、化精神为行动

有些人就想了，以上提到的这些有什么呀，我都具备了。是不是这样我就能做到抓好细节了？其实不然。明白是一回事，做是另一回事。树立重视细节的观念只是停留在精神层面，要把每个想法、每项决策都划分成操作规范，设定指标，落实执行，扎扎实实地变成行动，这样才能把工作做到细而又细，抓好细节也才不只是一句空话而已。

　　有一个美籍华人叫李昌钰，美国纽约市警政厅首席刑事鉴识总顾问，是美国出了名的大侦探，被誉为中国的福尔摩斯。他破案从来都是从细节处着手，侦破被称为世纪大审判的前美式足球明星辛普森杀妻案、以微物证据侦破轰动全美的锯木机杀妻案等，都是轰动全球的案例。他在鉴物方面的学识和经验是很难有人超越的。在一个酗酒男子自杀案中，一名酗酒男子死在自己家里地面上，周围全是血迹。警方把其女友列为第一嫌疑人。他到现场后，发现男尸有些不同寻常的地方。最后尸检结果表明，男尸的肝已经完全硬化。顺着这个线索，他注意到血迹的形状，进而发现这些血迹大多是圆形的，而中间是空的。他由此得出结论，此人是因喝酒过量吐血而死的。肝脏不能吸收酒精后，肺气泡就跟血一起被吐出来，气泡落地之后，裂开，自然形成了空心圆。

小贴士

　　一个在某一领域获得成功的人，一定是一个懂得抓好细节的人。小事做不好又不屑去做的人，大事就根本做不成。谨慎小心，把每一个细节都当成是大事件来抓，往往就能在这个"抓"的过程中成就自己的事业。

3
眼光长远，竭泽而渔是不负责任之为

在工作当中，经常能够看到有些人目光短浅，只是想着把眼前的问题解决，既不考虑同事之间的工作协调，也不考虑后续工作的开展。他们的终极目标不过是完成眼前的任务而已，至于"客户至上"也早已被"业绩至上"取代。

这样的思想在销售工作中尤其常见，形成这种"竭泽而渔"的工作思想的原因主要有以下几点。

第一，从外界因素来讲，市场的竞争日趋激烈，消费者消费心理的日渐成熟让销售工作的压力越来越大。

第二，从公司内部管理来讲，市场销售工作人员的业绩代表着公司的业绩，如果市场销售做不好，那也意味着公司的发展出现了困境。因此公司往往给销售人员制定了严格的销售任务，并与收入相挂钩，甚至采取完不成销售任务扣工资的管理方法。

第三，从员工自身来讲，因为工资与业绩相关联，在生存压力面前，大家往往选择的是先完成眼前的任务，而不注重从长远的角度上去考虑公司的发展和个人的发展。一个人如果今天完不成销售任务明天就可能失业，那么他今天要做的只能是尽力完成眼前的任务，甚至有人会自己花钱去买下产品以保住饭碗。

以上三个原因的共同作用导致了市场销售人员中一个最容易犯的错误——重眼前、轻长远。吃饭的时候，多数餐馆中无论你点多贵的菜、点多少数量，服务人员从来不会阻止，相反会一再推荐所谓的镇店之菜，怂恿客人尽量多消费；买手机的时候，很多销售人员不管你适合用什么，也不管你喜欢什么，他们向你推销的一定是从厂家提成最多的产品，却未必是最好用的手机；在房地产销售当中，不管户型多么差，不管环境多么糟糕，交通多么拥堵，售楼员依然能睁眼说瞎话将其描绘成人间仙境……

在这一系列"杀鸡取卵"式的销售之后随之而来的就是一些麻烦，这些麻烦一方面给消费者带来了困扰；另一方面也等于在将公司推向一个极端。管益忻教授在其所著的《营消，迈向客户经济的商业范式革命》一书中，创造性地提出了"营消"的概念。与"营销"不同的是，他所说的"消"是消费者的"消"，也就是客户经济时代的来临。在这本书的开篇，管益忻教授说："经济不经济，谁说了算？答曰：顾客。一切看顾客的货币选票投给谁；经济不经

济，顾客认为经济则经济，顾客认为不经济就不经济。凡忽悠顾客的企业归根结底是不经济的，它成就不了真正的经济。"在交易双方互动过程中现身的"客户经济"，尤其凸显着这样的基本特征。客户的需求才是企业发展的方向，只有围绕着客户需求展开才能让基业长青。

如果我们的销售人员总是靠欺骗消费者得到一时的业绩，那么长远来看企业所要承担的将是巨大的代价。如果我们的企业也是只看眼前利益，不顾客户感受，那么终将被客户所抛弃，也就等于被市场淘汰，当年的央视标王秦池酒厂就是这个结局。

习近平同志撰写的《关键在于落实》一文中曾有这样一段文字：

领导干部在抓落实过程中，还要有"功成不必在我任期"的理念和境界，注意防止和纠正各种急功近利的行为，不贪一时之功、不图一时之名，多干打基础、利长远的事。说到这里，我想起了山西右玉县植树造林、改造山河的感人事迹。

右玉是一片风沙为患、山川贫瘠的不毛之地，地处毛乌素沙漠的天然风口地带。刚解放的时候，第一任县委书记带领全县人民开始造林治沙。到现在为止，已经有60多年了，一个目标、一张蓝图，18任县委书记和县委、县政府一班人，一任接着一任、一届接着一届，率领全县干部群众坚持不懈，用心血和汗水绿化了沙丘和荒山，右玉现在绿树成荫、生态良好，年降雨量较之解放初期已显著增加。右玉的老百姓记着这些带头治沙的人，从心往外地感激着他们，自发地为他们立碑纪念，正可谓"金杯银杯不如老百姓的口碑"。右玉成功的可贵之处在于其始终发扬功在长远、自力更生、艰苦创业的实干精神，在于其始终坚持为人民谋利益的政绩观。我们抓任何工作的落实，都应该像右玉这样做。

文中所说的"右玉县植树造林、改造山河"的事例所呈现出来的也就是放眼长远的落实精神。

但是有的职场中人或许会提出异议："我只是打工赚钱，我应该为自己想更多，完成任务才是我的终极目标，我为什么要为企业的发展想那么多？毕竟不是我的企业"。

我们抛开"爱厂如家"的大道理，从个人说起吧。企业与员工之间的雇佣关系本质如果理解成买卖关系的话，那么企业就是消费者，它购买的是员工的智慧与劳动成果。如果你不去竭力落实，企业得不到想要的结果，那么就不会付出相应的价格，并且不会再继续购买你的劳动成果，因为你本身就是一个不合格产品的提供者，那么你又怎么能有进步的空间？

我曾经认识这样一个业务员，他所从事的也不过是小产品销售，但是他从来不会因为客户的不需要而对客户恶语相加或者不理不睬，他

也不会将客户分成意向客户、潜在客户，而是随时记住客户的需求，尤其是将客户对于产品的改进意见认真记录下来，并及时将所有的客户意见进行汇总，反馈至企业生产管理部门。很快，他的表现得到了高层领导的注意，最终将其升任为客户服务部经理。

可现实的情况是我们大多数的销售人员只是去忙着眼前，从未认真地对待工作，更不要说去了解客户需求了。有的员工将自己的工作与团队总体的工作任务相脱节，只是完成自己的任务，其他便撒手不管。其实，任何一项工作的正常推进都是各个环节环环相扣、紧密协作的结果。譬如公司举办一场客户答谢年会，这其中必然需要策划部门的总体策划，宣传部门的文案支持，销售部门的嘉宾邀请，后勤部门的物料保障，人力资源部门的人员调配，各个部门的总体配合才能保证一个活动的圆满结束……如果每个部门都只是考虑自己任务的完成，而不考虑总体协调，那么这个年会终将办得一塌糊涂。

《孙子兵法》中说，"凡用兵之法，驰车千驷，革车千乘，带甲十万，千里馈粮。则内外之费，宾客之用，胶漆之材，车甲之奉，日费千金，然后十万之师举矣"。说的就是一场战争的胜利不是单纯依赖于前方战士的勇猛，而是多方面共同谋划的结果。战争如此，企业管理也是如此，一个项目的落实到位，不单纯是一个部门任务的完成就能决定的，而是协调并进的结果。

小贴士

　　赢在落实强调的不仅仅是个人落实情况，不仅仅是个人单项工作的落实情况，更不仅仅是个人眼前工作的落实情况，而是高瞻远瞩，顾全大局，必要时刻甚至牺牲自我利益，这样才能保证整体的落实到位。

4
脚踏实地，一步一个脚印才能走更远

我们强调工作中要有宏观思考的习惯，要具有长远的目光，但是绝对不鼓励好高骛远，相反强调的是"见微知著""一室不扫何以扫天下"。工作抓落实强调质量，强调的是在质量保证的前提下快速发展，而不是不切实际的大跃进，"大干快上"的思想曾经就给我们的国民经济带来了巨大的损失。

任何事物的发展都有其规律，任何违背事物发展规律的行为都将受到惩罚，"拔苗助长"的故事虽然人人都曾听说，但却不代表人人都能谨记其中的教训。

《人民日报》2010年12月14日01版刊登了一篇名为《"提速先锋"李东晓》的文章，文章中这样说：

2008年3月16日，李东晓和其他9位北京铁路局机务段的司机，奉命到中国北车唐山轨道客车公司学习驾车。在他们去学习前，李东晓和他的同事们还没见过CRH3型国产高速动车，甚至都不知道司机操作台到底有多少开关。

后来上级下了"死命令"：培训时间十天。到了第十一天，他们必须把第一列时速350公里的动车组开回北京！接到这个消息后，坐镇唐客、指导培训的德国专家迈克斯连连摇头，"没有两三个月时间，你们是开不走的！"对于迈克斯来说，从来没有接触过高速动车的人，不可能只用十天就能驾驭世界上最先进、最复杂的高速动车组！

看到德国专家的否认，李东晓没有认输："不出十天，我们不仅要学会，还要把这列车开到北京！"

终于，在培训的第九天，李东晓和他的同事赵威轮流驾车，把京津城际的"新娘子" 平安接到北京南站，一路又快又稳。

……

我并非有意去否定国人的学习速度，但是我必须要说的是，改革开放30多年以来，不管是国家层面还是企业层面都在强调"时间就是金钱"，所有的项目都瞄向了时间、进度，而质量就抛在了一边，这篇报道虽然看似在表扬一个"李东晓"，其实是在倡导一种精神，一种"大干快上"的精神，而这样的精神的背后可能就是违背事物发展规律，并将为之付出代价。

2010年12月15日凌晨1点35分，一声巨响，内蒙古自治区鄂尔多斯市投资接近十亿人民币的地标性建筑——那达慕运动场西边的钢结构顶棚忽然坍塌。

事后调查这一事故的原因，事故责任人在接受媒体采访时说，"导致事故发生的其中一个原因就是工期太紧，由于当地要求必须要在那达慕大会前完工，所以这逼得我们没有办法；另外一个问题是，实际上直到今天，工程整体的设计还没有完全完善，北京市建筑设计院设计的图纸，到现在还没有通过会审"。又说"是因为工程太急，一边依据没有经过会审的设计图纸施工，一边追加投资，因此导致了投资金额究竟是多少，到现在都还没有定数。"

于是速度保证了，质量没了。难道内蒙古的主政官员们需要的是一个按期完成任务使用几天就丢弃的运动场馆吗？相信没有哪个官员敢给这个问题以肯定的答案。可是事实上，这个场馆尚未使用就发生了坍塌。这算是落实到位了吗？

在描绘中国经济发展速度时，几乎所有的国内外媒体都会采用同一个字眼——飞速，可这飞速的背后是什么？是无数个类似于那达慕运动场一样的工程频频出现问题。难道保证速度就是我们工作落实的目的吗？这样做的后果，引用习近平同志的话来讲就是："**搞形式主义，势必造成人力、物力、财力和时间的浪费，助长弄虚作假、投机取巧的心理和好大喜功的浮夸作风，严重损害党和政府的威信。**"

国家层面的浮躁必然会对社会各界造成影响，而企业领导层的浮躁也会给企业带来危机。我们企业当中的很多人也都重速度轻质量，很多中层干部在接到一项工作任务时，为了向领导表明决心，往往第一句话就是"保证提前完成任务"，却很少有人会说"保证按时保证质量完成任务"。

于是我们经常在媒体上能够看到"XXX工程提前竣工"、"XXX项目提前上马"……老祖宗早就教导我们说"不积跬步无以至千里，不积细流无以成江海"，当落实仅仅成为速度的时候，那落实的结果也就失去了本来的意义。

所以，我们在日常工作当中应该踏踏实实，不仅仅是在工程质量的把握上不能为了工期而讲求速度，忽略质量，在其他方面工作的落实上也同样要脚踏实地。**我们口口声声喊"落实要到位"、"赢在落实"，这落实说的是脚踏实地，一步一个脚印地走好每一步，做好每一件事，这样才是落实的根本所在。**

小贴士

落实是什么？落实就是落到实处，而不是落在时间进度上。

5
胸襟宽广，不以一时得失来判断成败

网络上有一篇《能被人骂的好处》：

1. 能被人骂说明别人当你还存在，并且对你重视。

2. 能被人骂很大部分说明别人在嫉妒你。

3. 被人骂能让你找到自己的不足。

4. 能看到骂你的人是多么的没素质呀。

5. 能锻炼意志品质，把人家骂你的话当成狗叫。

6. 你能发现骂你的人比你还无聊。

7. 你会更深刻明白"走自己的路，让别人去说吧"这句话的意义。

8. 被人骂得最惨的就是名人，而你被人骂说明你离成名人也不远了。

9. 骂你的人随时都有喜欢上你的可能。

10. 如果在博客被人骂，对点击率的提高有非常大的帮助。

虽然这是网上流传的一篇聊以自慰的段子，但是不能不说的是，对于那些外在的批评，无论是恶意的还是善良的我们都应该首先自省，而后谋求进步。批评是什么，批评是一种鞭策，是一种激励，也是一种催人奋进的力量。而聪明的人具备的基本素质就是虚心接受批评，并谨慎对待。

在职场当中，无论如何去尽心尽力地工作，总会在结果上有瑕疵，难免会遇到各种各样批评的声音。譬如一本企业内刊的读者，每个人的需求都不一样，对事物的理解不一样，甚至对美编的期待也不一样。于是在不同的角度与关注点下，就会有不同的声音出现，这些声音不管发自何方，出于何种目的，但都说明了是对这项工作的关注。作为项目实施者，首先的反应不应该是考虑到自尊、面子的伤害，以及对个人的打击，而应该认真研究这批评的内容是不是正确的。

金无足赤、人无完人，对于每一个人来讲，成长的过程就是不断发现错误、寻找差距、完善自身的过程。所以我们需要正确地面对一次次的倒下和失败。如果说眼前没有成功，那不是因为我们不能成功，而是失败得还不够。

只要是做事，就难免要犯错，除非你原地不动，这就好比一个人只要吃鱼，就难免被鱼刺扎到，但是你会因此而不吃鱼吗？同样的，我们会因为害怕犯错误，担心失败就不去做事吗？

错误与失败的作用不在于教人学会了流眼泪，也不在于教会我们知道什么是错的，而是教会我们反省为什么会犯错。从小到大我们已经听到了太多"失败是成功之母"的格言，可是我们的教育总是谈高度、讲修养，却少有方法论。于是我们经常可以面对失败，却不知道如何成功，于是一败再败，虽百折不挠，但是却看不到胜利的曙光。

而在工作当中，领导可以允许我们有一次两次的失误、失败，却不允许有我们有第三次的失败。既然失败是不可避免的，那么如何从失败中汲取教训走向成功呢？

第一，认识结果，倒推成因。某个项目失败后，我们往往都沉浸在失败的颓废当中，却少有人去寻找在既定结果当中，是哪一项的不足造成了失败。企业负责人总是习惯一棒子打死，对工作结果不如意进行全盘的否定。事实上，一项工作的失败并非意味着全盘皆输，而是多出自于某个环节的失误，我们必须要寻找到造成失败的那一项原因究竟是什么，譬如飞机故障，故障是个结果，但是故障的原因千差万别，一定要找到故障的主要诱因，才能寻求解决之道。如果失败就是失败，从不去认真寻找失败的原因，只是一味地蛮干，那么迎接我们的仍是失败。

第二，勇于承认错误，并承担由此造成的结果。分析失败的成因其实是一个内部检讨的过程，需要我们要有承担错误的勇气，有改正错误的决心。小时候做作业，我们很容易接受错误，改正错误，那是因为那错误的结果无非是分数的差别。但是在长大工作后，承担错误责任的代价不是分数的差别而是金钱、职位的差别，于是人们往往并不乐意去寻找并认真分析自己失误的成因，更不要说去自我批评了。事实上，很多错误之所以一错再错，其根源就在于我们自身的逃避，对错误的恐惧。自我剖析需要勇气，这勇气来自于人们是否愿意真的去认识自己的不足。

我经常能看到这样一批人，不但自己不认识错误，在别人批评或者指出错误的时候，他们总是"据理力争"，其实这个时候的"据理力争"只能算是"强词夺理"。这样的行为不但不利于找到原因、汲取教训，而且对于个人成长毫无益处。

分析错误成因的目的在于改正错误，有人在发现错误的当时捶胸顿足，懊恼不已，但是时间长了就会"好了伤疤忘了痛"，曾经的错误还会一犯再犯，譬如很多从监狱走出来的人会成为累犯，就是这个原因。工作当中这样的例子并不少见，一般来讲重复犯下的错误要么是错误本身太过简单，不能引起自己的注意；要么就是改正错误的代价太大；再不然就是诱惑太大，投机心理过重。譬如谁都知道睡懒觉不是好习惯，但是谁都不愿意去改正，因为大家都觉得无所谓，睡懒觉不过是些许小事，要改正那就要打着哈欠早起，还不如"大梦谁先觉，平生我自知"。

第三，制订改正方案，不断改正错误。 制订改正方案的根本就在于敢于承认错误，并且发现自身不足，从而才能知耻而后勇。制订改正方案，首先要明确的就是根据已经形成的结果制订改正的计划，改正错误不是说改就能改的，需要循序渐进也需要勇于否定。

制订方案不能假大空，有的人在写总结的时候总是喜欢用敷衍的态度和语句，并"一不小心"就把错误的根源推得一干二净，这并不利于个人成长。坦坦荡荡的承认才是进步的阶梯，所以制订改正方案，第一要客观评价结果的同时认识到自身的不足，第二要心甘情愿去改正，而不是认为"不过是些许小毛病"。

其实，人非圣贤、孰能无过，过能改之，善莫大焉。我们不可能不犯错误，不可能一直一帆风顺，需要明确的是，一时的得失并不能注定一生的成败。你看史玉柱，今天已经成为中国商界大佬，但是之前乃至现在，他都犯下过错误，遭受过挫折，走过弯路。

媒体这样说："在20多年中国改革的浪潮中，史玉柱无疑是最具传奇色彩的人物之一。1989年，以4000元借债起家，短短5年位居福布斯'大陆富豪排行榜'第8位，后又一夜之间财富灰飞烟灭，沦落为负债2.5亿元的'中国首穷'。几年后卷土重来，还清巨债，又一次身家几亿，胜过当年的鼎盛时期。"

在巨人大厦项目犯的错误，让史玉柱付出了沉重的代价，他说："那时候就是穷，债主逼债，官司缠身，账号全被查封了。""穷到什么地步？刚给高管配的手机全都收回变卖，整个公司里只有我一人有手机用，大家很长时间都没有领过一分钱的工资。"

经历了沉重的打击，史玉柱陷入了苦苦的思索，他不明白他究竟错在哪里。他怕自己想不彻底，就一篇接着一篇地读报纸上骂他的文章，越骂得狠就越读。史玉柱看到了别人对他失败的"诊断"，看到了别人专门组织的"内部批斗会"，甚至让身边的人一起向他开火。

最后，史玉柱站起来了，他成为今天中国的"商界巨人"，他说他的成功就是不断地累加失败的结果。

小贴士

失败是一次教训，是一次让你不会再犯同样错误的教训。工作中失败并不少见，少见的是错过之后不会再错。在遭遇失败时我们应该把握好心态，不以一时成败论英雄，而应该养精蓄锐，以图东山再起。

第五章

落实要到位，心态要端正

1
明白工作本质，不抱怨

你喜欢加班吗？答案是否定的；老板让你加班，你会加班吗？答案是肯定的。这两个答案背后的本质是什么？我们不妨做个简单的分析。

第一，人们之所以不喜欢加班，其根本是因为加班占据了自己休息的时间，尤其是周末加班，可是事实上，我们原来每周单休一个周日的时候，没有人会觉得周六上班有什么不妥，后来周六改成休息日，大家才觉得周六上班是件令人懊恼的事。同一个周六，前后的差别在哪里？在于个人生活时间的挤占，我们都知道加班是在挤占个人生活时间，认为那是侵犯了个人利益，于是从心底排斥加班。

第二，老板让加班，即便再有怨言，大家也会乖乖地去加班。那是因为，如果不加班，就有可能被炒鱿鱼，这是对个人利益最大的损害，于是即便满腔不乐意，也得去承受。很多公司中经常会有这样一批员工，一边在背后痛斥老板的"黑心"；一边在老板面前

却表现得像个乖巧的小猫。一个最简单的原因就是——老板手里有他希望得到的东西。

以上两点是大家都明白的道理，工作也好，生活也罢，大多数平常人来衡量一件事是否做得有价值的判别依据其实只是是否有利可图，这个利可以是钱，可以是名，还可以是某种心理需求。所有情感满足的需要也基本上离不开这个"利"，我们不妨用"爱生活"的"爱"来解释"利"。这里的"爱"是什么？其本质是满足各有所需的心理需求，只有期望心理需求得到满足的回馈，人们才会迸发出"爱"的情感。

史铁生曾经这样说："我更相信这样的事实，譬如他的事业，给了他无比的快乐。为事业而奋斗，他感到莫大的幸福。在事业中他找到了自己的位置，实现了自己的价值。"

多数平凡人为什么会爱工作？因为工作首先会解决人们生存的问题，能以劳动换取生活资料；其次，工作还能满足人们对于价值的追求。这两点成为人们从事工作的动力。爱工作其实爱的是自己，爱的是自己的选择，爱的是自己的价值追求。今天你从事财务工作，你会爱工作；明天你从事人事工作，你还会爱工作。这种对工作的感情不因工作内容的改变而改变，但是会因为工作获取的回馈而改变。

说到这里，我们可以解释工作的本质了，工作的本质其实就是人们满足对物质、精神的需求，在社会分工下从事的劳动行为。

也就是说，工作的目的是自我满足，获取的是物质与精神的需求。归根到底，如果工作不能让一个人得到物质与精神上的满足，那么这份工作对于他是没有意义的。

举例来说，我所在的组织中有这样一个女孩，学历不低，能力也还可以。当初应聘来的时候也是雄心万丈，立志要做出一番成就，但是不到半年的时间，她就被公司开除了，而且造成了恶劣的影响。为什么会出现这样的结果？首先，这个女孩具有极强的自我意识，对于工作她认为就是要满足她的生活需求与精神需求，也就是我要赚钱，我要做我喜欢做的事。她认为，公司是在借用她的力量发展，而不是双方在互为倚靠共同发展。其次，这个女孩在自身需求与公司要求相违背的时候，选择了违背组织要求和职业道德来满足自己的小利益。她认为，只有满足了自己的利益，才会去保障组织的利益，如果自身利益受损，那么组织利益也就没有维护的价值了。最后，她总是抱怨组织对她的回馈不够多，而没有考虑自己的付出是否应该得到回馈。

这是一个不知道什么是工作的女孩。

首先，我们要承认一份工作的存在是为了满足自我需求。但是我们也必须要看到，在职场当中，一个人的自我需求要想得到满足，其前提必然是首先符合组织需求。要不然我们为什么还要面试、应聘？面试、应聘的过程就是个人与组织相匹配的一个方式，当个人的需求与组织的要求达成了高度的一致，那么就等于个人找

到了发展的平台，组织找到了所需的人才。

其次，我们要明白，任何人想要得到就必须付出，这是毋庸置疑的，天下没有免费的午餐，也没有谁能够只得到满足而不遭受任何委屈，即便是皇上还要凌晨四五点钟起来准备早朝，何况今天的普通人？

最后，抱怨组织其实等于否定自己。抱怨的情绪很少会来自于新员工，而多数来自于老员工，抱怨的根本原因就是认为付出与收获不成正比。

说到这里就足够了，如果工作的本质是为了自我满足，那么抱怨的源头则是因为需求没有被满足。如果自认为付出得多，收获得少，那么有两种方式可以选择：第一是跟上司谈判，谈判的筹码是你的工作成绩；第二是跳槽。

现实的情况是抱怨的人多，但是选择与上司谈判和跳槽的人少之又少。为什么会这样？还是基于自我利益的判断，首先是因为没有资本与上司谈判，一旦谈了不但加不了工资，还可能在今后的工作中被上司"穿小鞋"；其次，没有跳槽的勇气与资本，担心一旦跳槽反而得不到像现在这样的报酬。

所以喜欢在工作中抱怨的人，往往是高不成低不就的人。真正有能力的人不需要抱怨，要么拿出成就来证明我行，我可以，你得给我加薪；要么就直接跳槽到能够满足自我发展的更高的平台上去发展。

　　抱怨是一种病，一种危害极大的心理疾病，首先，会让自己在组织中变得看什么都不顺眼，他会觉得一切都是抱怨的对象，甚至天气、交通、午餐……所有的一切都是不如意的；其次，抱怨久了的人就会养成"习惯"，如果哪天不抱怨，他自己都会难受；再次，抱怨使人落后，因为抱怨的本质是推卸责任，掩饰内心的不安与能力的不足；最后，抱怨危害性强，不但害了自己，还影响他人的情绪，是一种传染性疾病，一个组织当中一旦有一个喜欢抱怨的人，而组织又容忍了这个人的存在，那么这个组织早晚会变成一个"抱怨型"组织，而不是一个"学习型"组织。

　　遇到问题，解决问题才是正确的工作态度，这首先是对自己负责的态度，因为工作的根本不就是为了满足个人的物质与精神需求吗？离开了这个根本去谈奉献，那就太虚了。既然如此，你抱怨又有什么意义？有抱怨的时间与精力，还不如去想想解决方案。

2
敢于直面挫折，不回避

中国文坛刚刚失去了一个人，他叫史铁生，他年轻时双腿瘫痪，后来患肾病并发展到尿毒症，一直靠透析维持生命，他甚至自称"职业是生病，业余是写作"。我想绝对没有什么比活着但是双脚不能落地自由行走更残忍的，这种突如其来的人生打击，称得上是最大的挫折，因为所有外在的困难都可以克服，但是来自身体的缺陷却将伴随人一生。史铁生残疾了，他长期徘徊于地坛，思考着未来的道路，也曾自暴自弃过，也曾迷茫过，但是最终史铁生认识到"上帝在关上一扇门的同时，定会为他再打开一扇窗"，他说："微笑着，去唱生活的歌谣。不要抱怨生活给予了太多的磨难，不必抱怨生命中有太多的曲折。大海如果失去了巨浪的翻滚，就会失去雄浑；沙漠如果失去了飞沙的狂舞，就会失去壮观；人生如果仅去求得两点一线的一帆风顺，生命也就失去了存在的魅力。"

面对这么大的挫折，史铁生没有放弃，最终成为中国当代最优秀的作家之一。更难能可贵的是，史铁生并未因身体上的残疾而有丝毫气馁。他的作品、他强大的内心激励着无数人为梦想而努力。

是什么在支撑着史铁生直面人生的重大挫折？是精神。而精神，正是我们日渐缺失的东西。因为少了精神，所以我们没了直面挫折的动力。当"郁闷"成为一种时尚语言出现在人们的常用词语当中时，也就意味着我们正在失去直面挫折的根本动力。

司马迁在《报任安书》一文中说，"古者富贵而名磨灭，不可胜记，唯倜傥非常之人称焉。盖西伯拘而演《周易》；仲尼厄而作《春秋》；屈原放逐，乃赋《离骚》；左丘失明，厥有《国语》；孙子膑脚，《兵法》修列；不韦迁蜀，世传《吕览》；韩非囚秦，《说难》、《孤愤》、《诗》三百篇，大抵圣贤发愤之所为作也。此人皆意有所郁结，不得通其道，故述往事、思来者。乃如左丘无目，孙子断足，终不可用，退而论书策，以舒其愤，思垂空文以自见。"

文中所列的西伯、仲尼、屈原、左丘……这所有的人都有一个坎坷的人生，每一个人都不是健全的，甚至遭遇着平凡人无法承受的困境，是什么支撑着他们坚持到底？是信念。

上一节中曾经说道，工作的本质是为了满足人们的物质与精神需求。人们精神层面的需求是超越物质需求的，而支撑这些人能够在最困难的环境下做出卓越成就的，恰恰就是这种精神层面的斗志。

在工作当中，越来越多的人因为无法承受面对的挫折而选择自杀的现象屡屡可见，据日本共同社报道：2010年日本有424人因

"就业失败"而自杀，同比增加19.8%；因"家人"及"子女抚养问题"等家庭原因自杀的有4497人，增加了9.2%。自杀总人数为31690人，连续13年超过3万人。

同样地，在中国也是如此，不管是华为自杀事件还是富士康跳楼事件，固然有企业管理方面的问题，但是同时也凸显了现代人在面对挫折时脆弱的承受能力。

在日常工作安排中，经常能听到这样的话"这事太难了"、"这工作谁能干得了呀"，甚至有人会直接说"这事我干不了，找别人去"。连面对的勇气与心态都没有，还谈什么克服困难？

人们在挫折后的选择往往是逃避，成功有天时、地利、人和的因素，挫折未必是个人能力不足所造成的。如果一个人因为自己的失误而遭遇了挫折，那么首先应该改正错误，逃避的结果只能是同样的挫折仍会在不远处静静地守候。

挫折其实是工作的常态，即便是做一个简单的表格，可能都会遭遇Excel表格操作不当、尚未保存电脑就死机等小挫折。在落实工作的过程中，尤其是销售工作当中，我们必然会遭遇客户闭门不理、同行抢单、账款要不回来等挫折，我们是不是就要因此而放弃未完成的任务？当然有人放弃，企业当中流动性最大的一个群体就是销售人员。销售人员流动性大一方面有任务的压力存在的因素；另一方面更大的原因就是面对挫折时的逃避。从公司的角度上来讲，员工的流动是一种不可估量的损失，没有了落实工作的人，还谈何赢在落实？从个人的角度上来讲，遇到挫折就逃避，还谈何挑战自我？

回避挫折，就是逃避责任，不敢面对挫折，其结果毫无益于问题的解决，问题永远存在，而且只会让困难变得更加强大。

锻炼直面挫折的能力是落实工作中必须具备的能力，要想让自己变得强大，首先，应该树立正确的心态，明白没有什么是一帆风顺的，我们生来就是遭遇挫折，解决问题的。其次，挫折会激发人前进的斗志，会让我们认识到竞争的残酷，认识到工作中我们自身的许多不足，促使我们不断地去完善，才能让未来的挫折越来越少。

当我们逐渐强大后就会发现，我们如同婴儿不断成长一样，曾经爬行都是极大的困难，更不要说行走、跑步了，可是克服那些成长中的困难后，走、跑只是最基本的活动能力而已。那些曾经的挫折，都将成为不断成长的垫脚石。

小贴士

工作中，挫折不可避免，既然如此，那就坦然面对。输了就输了，下一次赢回来才是最重要的，一蹶不振只能让那些挫折得意地嘲笑你的无能。

❧ 3 ❧
勇于承担责任，不推卸

有这样一个小故事，从前，有三只老鼠发现了厨房里有一个油瓶，于是就计划着联合去偷油喝。但是油瓶太高，怎样才能得手呢？三只老鼠商量了一下，做出了一个计划：一只踩着一只的肩膀就够到了油瓶嘴，这样三只老鼠可以轮流上去喝油了。三只老鼠商量好后就开始行动了，一开始还是挺顺利的，但是当"梯子"刚刚搭好，最上面那只老鼠还没喝到油时油瓶就倒了，惊动了主人，惊慌失措的老鼠们匆匆逃回了洞中。镇静了一下精神后，三只老鼠开始讨论为什么会失败，最上面的老鼠说，"我没有喝到油，是因为中间的老鼠抖动了一下，于是我不小心碰倒了油瓶，这主要怪中间的老鼠没有站稳"。中间的老鼠说，"这也不能怪我，我之所以抖动，是因为最下面的老鼠抽搐了一下，所以责任在下面的老鼠"。最下面的老鼠说，"这事也不能怨我，我抽搐是因为我听到外面的猫叫，于是就抖了一下，所以责任在猫"。前两只老鼠恍然大悟，"哦，原来是这样，责任在那只猫，跟我们都没有关系"。

事实上，根本没有猫。

但是偷油的这三只老鼠组合也就此立地解散，原本看似完美的计划最终没有得以落实，三只老鼠谁也没有喝到油。

那么为什么老鼠们却违心地赞同了第三只老鼠的说法呢？因为猫是老鼠的天敌，这样的解释等于把三只老鼠的责任都撇给了一个不可对抗的敌人，这样它们都不会因此而承担责任。

在职场中，当某个项目出现问题时，几乎所有人私下里想到的都是如何把责任推脱干净，最好是逃得越远越好。于是在项目总结会上，当领导开始追究责任的时候，人们都会将责任推向他人——上司推给下属，下属推给同事，没有哪个人愿意去承担责任。

或许有人会说"承担责任意味着付出更多的代价，工作对于个人来讲只是赚钱养家，那么在出现问题的时候，我为什么要去承担责任？"

看看年轻一代的商业偶像马云是怎么说的，**他说："责任心有多大，舞台就有多大；你的责任心有多大，你就愿意为多少人承担责任。你如果愿意为公司承担责任，你愿意为同事承担责任，你愿意为天下人承担责任，你的工作一定做得好。"**

推卸责任是职场大病，也是职场常见病。要承担的责任有两种：一种是要做的事，另一种是做完事后出现的结果。目前最常见

的问题是，第一不愿意做事，第二做错了事出现了不良后果不去承担。落实工作最重要的就是担当精神，就是负责任的态度，如果一个企业没有负责任的作风，那么什么都将落实不下去；如果一个人没有负责任的心态，那么什么工作也都落实不到位。

梁启超曾说过，"人生须知负责任的苦处，才能知道尽责任的乐趣"。

人们对于责任往往怀有逃避心理，那是因为无论从责任的任何一个方面来说，都需要努力面对，都需要付出。害怕承担责任的背后其实是不愿意付出，是一种"好逸恶劳"的心态在作梗。另外，承担责任也意味着要接受规则的处罚。工作中总会有那么一些员工，在问题出现的时候，首先把问题归咎于他人，就像本节开篇小故事中的那三只老鼠，总是寻找各式各样的理由和借口来为自己开脱。在很多管理者看来，这些都是无理的借口，并不能掩盖已经出现的问题，也不会减轻要承担的责任，更不会让你把责任推掉。

美国西点军校认为：没有责任感的军官不是合格的军官，没有责任感的员工不是优秀的员工，没有责任感的公民不是好公民。一个公司中一旦有了某个岗位，招聘到了某个人，目的是明确的——你要在公司设定的岗位上负起责任。试想，如果你因为懒惰不去承担责任，因为害怕而不去承担责任，那么你在公司的价值如何体现？你的能力如何得到不断的提升？

尤其是对于企业中层领导而言，必须有承担责任的心理准备与能力，以及不断提升团队成员承担责任的能力。停止批评并开始理解别人吧。正如《从优秀到卓越》的作者吉姆·科林斯所说，要想成为一个好的领导者，"**必须去看镜子而不是窗外，为不良的后果承担责任，而不是归咎于他人、外界和坏运气**"。

赢在落实的关键就在于组织内部对于工作责任的认同，对于承担责任的积极态度，承担责任的目的并不是让你去付出代价，而是让你能够认识到错误所在，能够改正错误，这才是承担责任的根本目的。

承担责任也是全力以赴的根本，一个人能不能竭尽全力地去为一件事抛头颅、洒热血，关键在于他是否愿意主动肩负起责任。推卸责任也就是推卸工作，推卸责任也就是推卸错误，推卸责任也就是是没有主人公精神，没有积极进取的心态。推卸责任的行为在团队内部将构成恶劣的影响，这种影响一旦蔓延，将大大降低士气。

推卸责任看起来是对企业的不负责，然而归根结底是对自己的不负责任。因为推卸责任就意味着你对组织没有了价值，其实也就是失去了锻炼的机会，也是在推掉一个人固有的人生价值，因此就是对自己的不负责任。

一个对自己不负责任的人，又怎么能够干好工作、落实到位呢？

4
坚持工作激情，不懈怠

在我们上学的时候，总是很珍惜崭新的作业本，第一页总是工工整整，第一个字总是认认真真；刚发下来的新书总是爱不释手，总是小心翼翼地看了又看；考试时的第一道题总是深思熟虑，总是前思后想。等我们工作了，对第一份工作总是特别在意，对于第一个项目总是谨慎小心、竭尽全力；跳槽后对于新的环境总是充满了好奇，一开始总是兢兢业业……然而，凡事在开头的三分钟热度后，我们会明显地发现，作业本上的字一页比一页潦草；教科书到了最后往往被涂鸦得乱七八糟；考试到了最后一道题就失去了耐心；工作一段时间后就会发现自己逐渐懈怠，失去了激情……

懈怠这种情绪会伴随人的一生，审美疲劳也就是懈怠的一种，工作中有人不断地跳槽。其根本原因有时候并不是因为找到了更好的支点，而是需要全新的环境燃烧沉睡的激情。

每个人都有倦怠的时候，甚至在做同一个项目的时候，初期充满了激情；逐渐地，因为难度的增大，因为工作内容的不断重复，人们就会进入懈怠当中。

2011年8月25日，苹果CEO乔布斯辞职，全球震惊，甚至纳斯达克指数跌0.8%，以表达对这个IT领军人物的敬意。如何来评价乔布斯，我想，优米网的创始人王利芬的话更为确切，她在微博中说，"我每天用iPhone3打电话，iPhone4发微博，下载iTunes U的内容在跑步时听，用iPod来听音乐，偶尔从App Store下载客户端，用Mac上网，从来没有一家公司的产品如此深入地与我的生活紧密相连，什么是伟大的公司?"

是的，这就是苹果公司的伟大之处，也是大多数人对于那个被"咬掉一口的苹果"的认识。然而就是这样一个深深地影响了人们生活的公司，它的创始人乔布斯却告诫他的同仁们"我们将继续努力，一刻也不能懈怠，要继续开拓新的用户。许多大公司正在争夺我们的用户"。乔布斯身体力行地把他的工作激情深深地融入了苹果公司的团队，《财富》杂志对苹果公司团队精神的评价是："苹果公司有大量工程师，但对他们来说，不是仅仅拥有技术优势就够了，他们还必须具有激情。激情是克服设计和工程障碍、准时完成项目的动力；激情能促成同事间的良好竞争，让弱者淘汰，或者反对不能胜任的上司。库克说：'心脏承受能力不强的人，不适合在苹果工作。'"

如何对工作保持细致、耐心，而不懈怠？那就首先要对工作充满热爱，乔布斯1995年接受采访时给了我们答案："在找到自己真正热爱的工作之前，你可以去找一份餐馆杂工或者类似的活儿干干，那确实非常累人。我坚信，是否有坚持不懈的毅力是决定创业成功或失败的最重要的因素。创业太不容易了！你为此放弃了全部生活。我想在许多举步维艰的时刻，大多数人都放弃了。我不是在指责他们，我深知个中痛苦的滋味，仿佛整个人生被吞噬了。如果你要照顾自己的家庭，自己的孩子，同时又处于创业的起步阶段，那我都不敢想象你怎么才能熬过来；当然，有人熬过来了，这是创业成功必经的痛苦阶段。每天连续干18个钟头，一周连续7天。除非你有足够多的激情，否则你很难坚持下来，肯定会半途而废。所以说，你必须靠激情支持自己去实现理想或解决某个问题、纠正某个错误，否则不可能有毅力坚持到底。我觉得有了激情，其他一切都不是问题。"

创业如此，工作也是如此。工作懈怠是落实到位最大的敌人，很多因为"心不在焉"而造成的疏忽、懈怠往往铸成了大错。

春秋战国时期，吕不韦组织手下的门客编撰了《吕氏春秋》。为了保证《吕氏春秋》的严谨性，他提出，如果有人发现一处错误就给他一千金，这就是"一字千金"典故的出处。从此，"一字千金"成为工作认真的一种表述。然而，在1983年，却发生了一件另类的"一字千金"事件。乌鲁木齐市某挂面厂从日本引进了一条挂面生产线，随后又花了18万元从日本购进1000卷重10吨的塑料包装袋。为了确保包装袋的美观实用，挂面厂请人设计、制作了包装袋图案的样品，并与进出口公司一起审查没问题后交付日方印刷。当这批塑料袋最终漂洋过海运到乌鲁木齐时，细心的人发现"乌"字多了一点变成了"鸟"，"乌鲁木齐"变成了"鸟鲁木齐"。于是，这一点之差，让价值18万元的塑料袋成了一文不值的废品。

18万元，在80年代那可是天文数字，即便是在今天也不是一个小数目。"乌鲁木齐"与"鸟鲁木齐"既是一字之差，也是一点之差，如果各个环节大家都能保持高度认真，不懈怠，不马虎，就不会带来如此大的损失？

事实上，工作当中很多问题都是可以避免的，这些可以避免的问题多数是因为工作激情的丧失，懈怠情绪占据了主导地位而导致的。譬如2004年2月15日，吉林省吉林市中百商厦燃起大火，导致54人死亡，这一特大安全事故的背后竟然是由于仓库管理人员丢弃烟头，引燃库房内的易燃物品导致的火灾事故。

这算不算可以避免的事故？每一个商场都有安全规则，每个工厂都有安全培训，每一个公司都有操作流程，这些规则、流程都是保证安全落实的保障。可是为什么人们往往忽略了这些安全规程与操作流程？是懈怠，是侥幸地以为差一点没有问题，在这样的思想主导下，问题就会频频发生。

小贴士

　　工作要想落实到位，要想避免那些完全可以避免的事故与错误的出现，我们必须要保持工作激情，不懈怠，这是赢在落实的基本保障。

5
谨记过犹不及，不迷路

目标是落实的根本，如果目标错了，那么落实也就没有了意义，因此，工作中必须要保证目标明确，不能迷失方向。对于落实而言，做不到不对，做过了，也是错的。

做不到的情况很容易理解，但是做过了的时候很多人却不能理解——多做也是错吗？

我们都知道在商场上，各种商机总是瞬息万变，于是就会有很多的诱惑出现来迷惑我们的工作方向。

譬如"巨人大厦"的垮掉。

2009年《时代周报》刊发了一篇题为《史玉柱谈巨人大厦成烂尾楼：那是我一生的痛》的文章，文中回忆了"巨人大厦"的往事：

1992年7月，史玉柱把珠海巨人新技术公司的总部搬到注册地珠海。为支持巨人集团，珠海市政府曾经批给巨人一块地。拿到地后，巨

人集团准备在这块地上盖一栋18层的办公楼。然而，在政绩工程的诉求下，有的政府领导希望将巨人大厦建为中国第一高楼。于是，设计楼层不断加码。1994年初，在巨人大厦的开工典礼上，史玉柱宣布巨人大厦高78层，将成为中国最高的楼宇。然而为了这个中国第一高楼，巨人需要投入12亿元。

1996年，巨人大厦资金告急，史玉柱将保健品的资金调往巨人大厦。

1997年初，巨人大厦因资金链断裂未能按期完工，只建至地面三层的巨人大厦停工。随后，巨人集团的财务危机爆发，史玉柱也从公众视野里消失了。

从上述的文字中，我们不难看出，"巨人大厦"项目的失败，根源就在于不断地改变最初的目标，甚至最终背离了最初的计划。尽管如今的史玉柱已经重回商场，并且风生水起，但是他依然忘不掉当年的"巨人大厦之痛"，甚至说"我再也不想看到这个鬼地方了！这是我一生最大失误的决策，也是我的伤心地"。从18层到78层，从普通的办公楼到中国第一高楼，差距之大，令人咋舌。在多方面因素的共同推动下，最终使史玉柱的巨人大厦成为烂尾楼。

每一个组织都有其完整的工作目标与方向，每个部门被分解后的工作任务都是一个组织目标完成不可或缺的一部分，譬如我们经常从古典小说中能够读到，在一场战斗之前，军师在运筹帷幄的时候往往都会要求某将军前去佯败，其目的就是诱敌深入、全歼敌人。这个时候组织的总体目标是明确的——全歼敌人，受命将军的使命是明确的——佯败、诱敌深入。试想，如果这位将军杀得兴起，忘了佯败一事，随机改了主意，不顾大局，非但没有佯败，反而还追求个人的大胜，那么对于组织的整体目标而言就是个沉重的打击。因为只有他的佯败才能保证组织的全胜，他的"真胜利"不符合组织战略规划，完全打乱了组织规划，那么必将导致组织大败。

李嘉诚曾经说过：儒家精神最简单地来讲就是"过犹不及"，这是孔子讲的。还有老子讲的"知止不败"，这两个哲学名言是非常实用的。你过度地扩张，容易出毛病；你过度地保守就不利于跟人家竞争。

在我们的日常工作中也有这样的情况，有的人好大喜功，于是就会出现"过犹不及"的情况。落实到位的核心就是"到位"而不是"越位"，"越位"同样是没有到位的表现。我这里所说的"越位"并不是指职位上的"越位"，而是在执行过程中超标准、超要求的行为。在领导布置的工作当中，一些看似"超额"的行为可能就是"画蛇添足"、"多此一举"的行为。

举一个简单的例子来阐述可能更好理解一些，某公司小A，老板告诉他去买一支钢笔，而小A不但买了钢笔还自作主张地买了墨水，他认为买钢笔就一定要墨水。他兴冲冲地跑回去希望能够得到老板的褒奖，可是老板拿到钢笔，看了看墨水，得知了小A的想法后无奈地摇了摇头。原来老板平时用的都是黑色墨水，小A买的却是纯蓝色墨水，而且老板不缺墨水，也没有要求小A去买墨水。小A的行为在老板看来无异于是未经许可自作主张的小聪明，老板从此得出结论，小A不值得交付重任。于是小A的职场发展就这样被定位了。

即便是在落实某项目的过程当中，也有一些人认为多做一些总比少做一些好，于是我们经常能看到很多职场中人做了很多，自以为有苦劳，在老板看来却没有功劳，这是为什么？其根本原因就在于"过犹不及"，这种情况发生的根本就在于对于所落实任务不掌握、不了解、急于求成的心态在作祟。

所以在工作过程当中一定要盯紧目标，切勿偏离方向，绝对不能因为自己的理解"超额"完成任务，这极有可能如同上文提到的那位将军一样，一旦把"佯败"的任务做成了"全歼"，那么必将打乱整体的战略部署，造成不可挽回的重大损失。

小贴士

落实到位绝对不是普通意义理解上的超额完成就是好的，而是恰当、准确地完成工作部署。

第六章

落实要到位，用人是根本

1
要识人有道，用人有方

最近在微博上看到这一则小笑话：大学毕业生小李去应聘一个商业间谍的职位。人事官问了一些常识性的问题，然后递给他一个信封，说："把这个送到第八层的档案室之后，您就可以回去了，一周后我们将通知您面试结果。"出门后小李转身溜进了卫生间，看四下没人，便拆开信封，只见里面写道："你被录用了，马上回人事部报到!"

企业的面试题很有意思，是寻找合适职位的最佳方式，如果小李没有这点起码的职业意识，那么恐难胜任商业间谍的职位。对于企业来说，工作的落实有赖于人的执行，因此把合适的人放在合适的位置上永远是最重要的。一个团队有各种不同的组成人员，譬如三国时期的刘备，我们都知道刘备文不如诸葛亮，武不如张飞、关羽，但是却能在乱世当中实现三国鼎立，就是因为刘备懂得在每个职位上使用最合适的人，如果不是他给了诸葛亮一个合适的位置，

恐怕也就没有了后来的各种脍炙人口的传说。其实三国时期与其说是魏、蜀、吴三国争霸，不如说是群雄逐鹿，更不如说是一场人才争夺、人才使用的战争。翻开史书，谁家的江山不是一群人共同打造的结果？

在诸葛亮的《出师表》中，有这样一段话："侍中、侍郎郭攸之、费祎、董允等，此皆良实，志虑忠纯，是以先帝简拔以遗陛下。愚以为宫中之事，事无大小，悉以咨之，然后施行，必能裨补阙漏，有所广益。将军向宠，性行淑均，晓畅军事，试用于昔日，先帝称之曰能，是以众议举宠为督。愚以为营中之事，事无大小，悉以咨之，必能使行阵和睦，优劣得所。"

这一段话中所提到的郭攸之、费祎、董允、向宠便是诸葛亮为稳住刘氏江山，在《出师表》中将其各司其职，使其"裨补阙漏，有所广益"、"行阵和睦，优劣得所"，其根本目的就是要让后主刘禅认识人才、挖掘人才、使用人才。

在《三国演义》当中，曹操对人才的重视与使用自不必多说，孙权也是驾驭人才的高手。孙权有三次拜将，第一次拜周瑜，赤壁一战击败曹操八十万军队，奠定了三国鼎立的局面，也让曹操一辈子不敢轻视江东；第二次拜吕蒙，击败了神话般的人物关羽，收回荆襄九郡，使东吴属地扩大了一倍；第三次拜陆逊，彻底打垮了来势汹汹的刘备，使一代英雄一蹶不振。这三人除了周瑜外，其余两人在拜将之前应该说没什么突出贡献，特别是吕蒙，出身"贫贱"，"少不修书传，每陈大事，常口占为戕疏"，就这么一个人在孙权手下却是"勇而有谋，断识军计"。

可见孙权在用人上确实有自己的一套，也足可以说明人才的重要性。

在现代企业管理当中，人尽其才、物尽其用也是管理者追求的管理目标。"若建非常之功，必待非常之人"，只有善于发现人才、使用人才，才能保证工作的落实到位。

如何识人？诸葛亮在其所著的兵法《将苑》中说：

夫知人之性，莫难察焉。美恶既殊，情貌不一，有温良而为诈者，有外恭而内欺者，有外勇而内怯者，有尽力而不忠者。然知人之道有七焉：一曰，间之以是非而观其志； 二曰，穷之辞辩以观其变；三曰，咨之以计谋而观其识；四曰，告之以祸难而观其勇；五曰，醉之以酒而观其性；六曰，临之以利而观其廉；七曰，期之以事而观其信。

这段话的大意是：人性有多方面特点，很难全面了解。不要以貌取人，有人外表看似温良实则奸诈；有人表面恭顺而内心不服；有人看似勇敢实则内心胆怯；有人看似尽心尽力其实不忠诚。识人的方法有七种：一、用是非考察他的立场；二、用言语向他发难考察他的变通；三、向他请教问题观察他的见识；四、用困难逆境来试验他的勇气；五、请他喝酒观察他酒后的品行；六、用利益引诱他是否清廉；七、用承诺考察他的信誉。

诸葛亮不但提出了识人之法，也提出了用人之法，他提出："将之器，其用大小不同。若乃察其奸，伺其祸，为众所服，此十夫之将。夙兴夜寝，言词密察，此百夫之将。直而有虑，勇而能斗，此千夫之将。外貌桓桓，中情烈烈，知人勤劳，悉人饥寒，此万夫之将。进贤进能，日慎一日，诚信宽大，闲于理乱，此十万人之将。仁爱洽于天下，信义服邻国，上知天文，中察人事，下识地理，四海之内，视如室家，此天下之将。" 此段话的意思是，将才不同，其发挥作用的大小也不同：若能洞悉奸佞，侦察福患，为大家所佩服，这就叫做十夫之将。能早起早睡，说话周到明晰，叫百夫之将。直爽又有谋略，勇敢又能拼斗，这是千夫之将。仪表威武，内心炽热，了解部下的辛勤劳苦，体恤部下的饥饿寒冷，这是万人之将。能荐贤举能，一日比一日更加谨慎，真诚守信，宽宏大量，擅长治理纷乱的事务，这是十万人之将。能以人义友爱与部下和谐相处，以信用义气使邻国顺服，上知天文气象，中察人际世事，下通山川地理形势，看待四海之内均为亲人，就是天下之将。

诸葛亮给出的七条"知人之道"几乎涵盖了一个人的各方面品质，而他的用人之法更加强调的则是根据每个人不同的特质，将其安排在不同的位置上，担当不同的职责，这也正是诸葛亮神机妙算每战必胜的诀窍所在。

对于一个企业而言，要想推动公司落实能力的不断提升，必须要有科学的发现人才、使用人才的人力资源管理制度。IBM是全世界的IT领跑者，该公司致力于推动杰出的人事管理制度，使全体员工均乐于为IBM奉献。其人事管理原则如下：

一、任用有才干的人，激发其潜能，安排适当的职位。

二、重视教育训练，培育自己及后继者。

三、充分授权部属，使其得以完成任务与目标。

四、适当奖惩员工，激发其工作。

五、机会均等，无分种族、性别、年龄。

六、同等重视经营责任与社会责任。

七、重视双向沟通。

八、注意作业安全。

九、保守公司机密，维护公司财产。

十、开发自己的潜力。

我们在这十条当中能够看到，第一条"任用有才干的人，激发其潜能，安排适当的职位。"与第五条"机会均等，无分种族、性别、年龄。"其实就是给我们指出了基本的用人规则。

管理当中，除了高层决策者要善于识人之外，中层管理者同样要善于发现团队成员的优点，根据每个人的能力优势去分配任务，譬如让善于沟通的去做公关，让有耐心的去做客服，让善于写作的去做撰稿……这些都是最基本的认知，只有这样，才能为企业构建起落实到位的人力需求。

　　人才是什么？一个人在一个组织中是不是人才除了自身能力外，还有就是组织安排的合理性。职场中有很多优秀的人才为什么在有的公司能够做出卓越的成绩，而在有的公司却只能怀才不遇、碌碌无为？不是他能力差，而是公司的用人出现了问题。如果不能把合适的人放在合适的位置上，那么不但不能起到应有的作用，还可能会伤害公司利益，阻碍落实到位。

小贴士

　　要想保证落实到位，人才是关键，不但要能够招到有能力的人，还要使他在公司的岗位上成为真正的人才——创造出公司需要的业绩，否则人才就不是人才。

2

要分解任务，落实到人

每个公司都有战略计划，但是很多公司的战略规划也只是挂在墙上，说在嘴边，并没有真的落实下去。落实到位靠的是什么？是按部就班、步步分解，将其分解成若干个子目标、子任务，落实到执行团队的每个人身上，一个萝卜一个坑地发动起每个人，执行好每一个步骤。

多数企业，尤其是中小企业，用在做战略规划上的时间远远多于讨论执行上的时间，但是任何一个伟大的战略，都需要若干个环节来组成，每一个环节都要有人去落实。

譬如波音787代表着民用飞机工业的最高水平，是美国主导下的全球合作产物（除了欧空局和俄罗斯），日本、加拿大、巴西、中国都参与进来了。美国波音公司的设计、制造和最后的试验，只占工作份额的35%；它的组装、研制、知识产权在波音，但是它制造的很多东西，包括风险共担的制作业务都分包给其他

国家，比如日本占波音787份额的35%，美国沃特公司和意大利的阿莱米娅公司占波音787份额的26%，剩下约40%是由几家小公司来承担的。

一架飞机最终能够翱翔天空，就是若干个零部件共同作用的结果，如果波音公司没有严格的标准与工作规划，哪怕是一颗螺丝的失误都会导致一场重大的空难。但是如果不对整体任务进行分解，就不能最终完成整机的组装任务，这也就是古人说的"不积跬步无以至千里，不积溪流无以成江海"，任何一项伟大的事业都是分解后逐步完成的结果。

任务如何分解？

工作分解结构(Work Breakdown Structure，WBS)：以可交付成果为导向对项目要素进行的分组，它归纳和定义了项目的整个工作范围，每下降一层代表对项目工作的更详细定义。

理论上，WBS分解可以采用多种方式进行，包括：

一、按产品的物理结构分解。

二、按产品或项目的功能分解。

三、按照实施过程分解。

四、按照项目的地域分布分解。

五、按照项目的各个目标分解。

六、按部门分解。

七、按职能分解。

一般来说，在落实工作目标的时候，这几种尤其是按照实施过程分解是最常见的分解办法。

举例来说，某公司要在年底举行一场客户答谢年会，要想保证项目的顺利进行，必须把握这次活动的核心是"客户答谢"，在分解任务的过程当中需要认定的是此项工作的分解包括活动流程策划、活动嘉宾邀请、活动现场把控、后期媒体报道。

而这里面的流程策划又需要由活动策划、文案支持共同构成；现场活动又包括了礼品等物料准备、演员演出以及宴会构成。活动嘉宾邀请由嘉宾名单制定、邀请两部分组成，后期媒体报道则涉及通稿撰写审核和媒体联络。

小贴士

一个大任务要分解成若干个子任务，而子任务又需要继续分解，才能保证活动每一个细节都在计划之中，不会遗漏。

在对工作目标要素进行分解后，然后再将各个任务分解到各个职能部门，其中活动流程策划一般是由策划部提案，总经办修订来实现的；活动嘉宾邀请则需要总经办、公关部门以及市场部门共同配合来完成；活动现场把控是后勤部门负责物料供应，策划部门负责公关公司的衔接与流程操作，市场部门负责嘉宾接待；后期媒体报道则是宣传部门的工作；而活动的总体控制与各个部门的协调一般由主管市场的副总经理来实现。

在对目标跟任务进行彻底的分解后，剩下的就是各个部门的通力执行了。如果不对工作目标进行分解，那么造成的结果就是任务环节一团糟，每个环节都没有相应的部门去执行或者多个部门交叉执行；都是老板一句话决策，没有科学的流程管理依据，在这样的一团乱麻之下，很难想象该如何实现目标。

分解任务的过程其实就是演练执行的过程，要在分解的同时明确、量化工作指标与工作结果，只有这样才能在接下来的部门任务分解中明确各个部门的工作方向与结果要求。如果只是分解工作，而没有具体的量化要求，那无异于没有进行工作安排。

分解任务离不开表格化管理，要建立科学的表格化管理模式，表格中要明确时间节点、项目推进过程、责任人等细节。还要确定每日、每周、每月的工作目标，同时要定期对工作进度与质量进行检查、监督，保证工作进度的正常推进，有条不紊地进行各项工作的实施。

同时还要建立周报制度，所有参与项目的工作人员必须以周为时间单位汇报工作进程，这样中高层管理人员对于任务推进进度就会有阶段性的详细了解，便于监督进程。另外工作人员自身也可以通过周报的形式总结一周的工作，及时查漏补缺。

分解任务不是目的，只是手段，这一手段能否落实到位，关键在于人的能动性，一切管理工具归根到底也只是工具，如果不能解决好人的问题，那么所有的工具只能是废品而已。所以分解任务不能只是列出任务而没有具体到某个人，不管到什么时候必须要明确，人是落实的主体，必须要把工作分解后落实到人的头上，所有参与人员只有一个萝卜一个坑地守好自己的位置，完成预定的任务目标，才能最终实现整体的工作结果。

3
要责任到人，落实到位

把工作任务分解到人只是任务进行时的第一步，落实需要监督，监督需要明确责任，只有责任到人，才能保证落实到位。

责任到人要求在进行工作安排的时候，不仅仅是任务分解，还有相伴的责任分解，每个人在领到任务的同时必须明确身上由此承担的责任。企业管理本质上是对人的管理，是责任管理，目标是人人有责、人人尽责。如果一个公司的管理仅仅是机械地分解任务，而形不成责任心，那么这个公司的人力资源管理只能算是劳工管理。

那么怎样才能明确责任到人、落实到人，建立完善的责任到人的管理体系呢？

第一，要从目标分解开始就建立追责机制。根据已经制定的目标，将其系统化、流程化地层层分解，做到从总经理到部门总监、部门经理、一线员工人人都有明确的任务，人人都有明确的责任。不管哪个环节出了问题，都要有相应的处理机制，更重要的是要有补救的机制，不能出了问题就有人推卸责任，也不能出了问题首先想到追究责任而不是解决问题。有的公司有战略，有执行，也分解任务，但是分解任务后，人们却不知道每个人身上的职责在哪里，这就是分工的问题。所以分解任务，也要分工，合理的分工是落实的人力基础。

第二，项目总控首先要保持高度的热忱进行全过程管理，并且要制定标准确认每一步的执行都是朝着目标而去，一旦出现偏差，能够找到问题症结，并能解决问题。在执行过程中，项目总控必须能够针对存在的问题，与责任人确认对策，对每一项新的对策，再次确认责任。除此以外，还要随时观测执行人的执行效果，并且根据执行效果兑现奖惩。

有的公司高层管理人员虽然能够制订计划、分解任务，但是却不能有效地控制，甚至不知道如何去控制过程，往往使得很好的计划却最终偏离了目标。

第三，制定每个步骤的工作标准，杜绝"差不多就成"。工作标准是责任管理的重中之重，有了工作标准就有了考核的依据，绝对不能在工作中形成"差不多就成"的观念。所有参与项目的中高层以及一线人员对于分解任务后的每一个环节都有严格的标准比对，如同在汽车制造当中每个螺母都有严格的标准一样，没有了工作标准，责任到人也就无从谈起，只有在严格的标准之下，才能让责任明确，才能实现落实到位。

第四，要制定目标执行倒推机制。在任务落实过程中，必须制定严格的倒推机制，倒推包括两方面：一是环节倒推，二是时间倒推，两者相辅相成、缺一不可。环节倒推指的是完成任务需要的环节必须要明确，要理顺实现结果的因素有哪些，理顺这些因素的逻辑关系。举个简单的例子来说，要在某个时间点编辑、印刷成型一本刊物，你就要提前明白一个刊物的成型包括选题、拟定框架、组稿、平面设计、校对、打样、印刷等方面，我们就要罗列出这些要素完成的时间节点，就要明确这些环节实现的先后顺序。只有明确了这些，你才能制订出详细的工作计划，明白在固定的时间点，在有限的时间内，如何控制进程、保证质量。一旦确定了这些因素的实现时间节点，就能控制总体流程，同时能够实现责任倒推。如果没有环节倒推跟时间倒推，就不能形成科学的项目责任倒推机制，也就难以保证整体项目的顺畅完成。

第五，要明确分解任务后每个子项目中谁是第一责任人。每一个项目都要有一个负责人；同样地，在分解任务后，每一个模块的执行都要有一个第一责任人，第一责任人的作用就是二次分解后的进程监督与效果测评。分工明确、责任到人，才能在出现问题的时候知道找谁去承担责任、改进工作。因为事实上，承担责任不仅仅是承担失败的惩罚，关键是要在出现问题的时候及时解决问题，能够承担起项目实现目标的任务。

第六，责任意识的树立有赖于建立有效的激励约束机制。

在某些机构当中，我们经常能遇到这样一类管理者，他们对于下属的工作成就视而不见，甚至经常持否定的态度，他们吝啬于自己的表扬，眼睛里只看到缺点。这一类领导认为，对员工的表扬与认可或许会导致他们的骄傲与自满情绪；或者认为，对员工与下属的认可会丧失掉自己严肃的权威。总之不管出于什么原因，他们的批评多于表扬，惩罚多于奖励。批评是必要的，但是批评是需要有依据的，这就需要我们建立严格的业绩考核标准，而不是凭借一言堂的家长作风来管理下属，尤其不能凭借个人心情来管理下属。

小贴士

责任到人，就是确保各项目标任务分解到位，就是岗位目标和责任落实到位，就是考核激励逐级兑现到位，切实调动每一个员工的积极性、主动性和创造性；就是切实把责任落实到每个系统、每个环节、每个岗位、每个员工。

4
要赏罚分明，奖惩有道

　　对人的管理依靠的不能仅仅是职务上的权威，一旦在管理中过于依赖职务的优越性，那么必然就会造成政令不畅的结局。在抗日战争时期，毛泽东有过一段著名的论述："武器是战争的重要因素，但不是决定的因素，决定的因素是人不是物。力量对比不仅是军力和经济力的对比，而且是人力和人心的对比。军力和经济力是要由人去掌握的。"因此，对于人的积极性的调动无论是在军队中还是在企业中都显得尤为重要，《孙子兵法》中甚至把赏罚是否严明看成是胜败的根本条件之一。

　　《孙子兵法·计篇》中说："故校之以计，而索其情，曰：主孰有道？将孰有能？天地孰得？法令孰行？兵众孰强？士卒孰练？赏罚孰明？吾以此知胜负矣。"

　　《孙子兵法·火攻篇》里指出，"夫战胜攻取而不修其功者凶，命曰费留"，这里的意思是对于打了胜仗，夺取土地城镇的有功者，需要进行奖赏，不进行奖赏将有一定的祸患。可见孙武把赏罚看成是巩固胜利成果的重要措施。

《孙子兵法·作战篇》中说："故杀敌者，怒也，取敌之利者，货也。车战得车十乘以上，赏其先得者"，由此可以看出孙武主张利用奖赏来调动士兵作战的积极性。

孙武还提出了将领在实行处罚时，要注意选择时机，《孙子兵法·行军篇》说："卒未亲附而罚之则不服，不服则难用也；卒已亲附而罚不行，则不可用也。故令之以文，齐之以武，是谓必取。令素行以教其民，则民服；令不素行以教其民，则民不服。令素行者，与众相得也。"这段话的意思是：将领在实施奖惩的时候，如果士兵尚未亲近依附自己，就贸然处罚他们，士兵定会不服，这样在作战中就难以使用；反之，也不能因为士兵已经亲近依附自己，便一味迁就，该罚不罚，这样在作战中也是难以指挥的。因此，要加强教育，使士卒坚决执行命令，用严明的纪律使士卒整齐统一，必能取胜。

兵法如此，企业管理也是这样，落实到位需要人的力量，人的能量的激发离不开合理的赏罚措施，赏罚包括两方面的内容：一是物质，二是精神。

物质的作用是，第一满足人们的基本物质需要，因为工作首先是人们谋生的手段，而由工作而获取的金钱，是人们衣食住行等生活条件改善的根本，所以物质奖励有着重要的意义，同样地，物质惩罚也促使人们在最大限度上认真对待工作落实；第二通过物质奖惩也可以强化团队承认多劳多得、少劳少得、不劳不得的思想观念，可以强化团队成员的工作积极性，促进成员进行自我学习，提升工作能力；第三通过物质奖惩可以树立正反两方面的榜样，让人们在工作中有参照可循，能够在榜样的支撑下加强工作和学习能力，切身体会到落实到位给个人带来的好处。

精神奖励或惩戒在工作中的作用也有三点：

第一是满足人们除了物质需要以外的尊严需要。物质保证生存，精神提升价值，而对于一些有着丰富工作经验的员工而言，精神需要往往成为工作的主导需要，甚至超出了物质需要。

第二是精神奖惩能够激发人们心中的荣辱感。荣辱两方面的精神奖惩都能够在根本上激发人们改变现状的深层次内在驱动力。

第三是精神奖惩能够激发人的责任心与事业心。从心理学的意义上讲，奖励对每个人都能引起愉快的感受，任何人都希望得到他人或社会的赞赏，这是一种普遍的心理状态，它已成为人们的人格特征之一。

惩罚的目的是改进工作，如果一次惩罚只能让人们怨恨惩罚本身，而起不到任何积极的作用，那么惩罚也就失去了意义。事实上，惩罚应该是纠正员工犯错误的一种手段，是一种"负奖励"，必须让员工认识到惩罚的积极意义。有的单位对于惩罚只有一种方式——罚款；有的单位对于员工只有物质惩戒，没有精神惩戒，而事实上来自精神的激励作用则更持久和强大，因为当物质奖励到一定程度后，就会出现边际作用递减的现象。据有关资料统计，人在无奖励的状态下，只能发挥自身能力的10%～30%；在物质奖励状态下，能发挥自身能力的50%～80%；在适当精神奖励的状态下，能发挥80%～100%，有的甚至还超过100%。

所以，任何组织在制定奖惩措施的时候，都必须要注意物质与精神两方面的完美结合，尤其要注意内在奖励与外在奖励的结合。

最经常能够看到的一种管理错误就是单纯地把员工当成机器，而不是有心理需求的人。有些老板认为，我给了你钱，雇你工作，那你就必须要听我的话，至于什么精神不精神并不重要，重要的是我给你工资。其实内在奖励是十分重要的，内在奖励就是要满足员工的内在需求，这包括他们在工作中对于获取知识、增长能力、实现个人追求、获取职务升迁等方面的要求。

在认真地完成了一项任务或做出了一些成绩后，员工内心往往会非常高兴，虽然他可能表面上似乎毫不在意，却在心里默默期待着领导的嘉奖。一旦领导没有适时关注或不给予公正的表扬，员工就会产生一种挫折感，对领导也有看法，"即使干了工作领导也看不见，好坏都一个样"。最初，员工可能偶尔这样想想，但如果员工长期受领导的忽视，领导既不批评也不表扬，他心里肯定会嘀咕："领导怎么从不表扬我，是对我有偏见还是妒忌我的成就？"一旦员工这么想了，就会不冷不热地和领导保持远距离，根本谈不上什么友谊和感情，最终形成了沟通的鸿沟。

作为一个领导要明白，你的赞扬不仅可以表明你对员工的肯定和赏识，还可以表明你很关心员工的事情，对他的一言一行都很关心。有人受到赞美后常常高兴地对朋友讲："瞧我们的头儿既关心我又赏识我，我做的那件事，连自己都觉得没什么了不起。却被他大大夸奖了一番，跟着他干气儿顺。"

内在奖励的作用就是要让人们的内心对于工作结果有成就感，使其内心得到最大的满足，只有这样才能从根本上发挥员工的工作主动性。内在的激发远远要比单纯的外在奖励更加重要，因为内在的激励是根本。

但是这并不意味着外在的奖励是不需要的，相反，人们的内在激励往往是通过外在的奖励来感知的，内在奖励的产生总是和外在奖励联系在一起的。企业对个人进行奖励，除了注重内在奖励和外在奖励相结合以外，还要注重奖励的针对性、原则性、层次性、时效性、适度性和多样性等原则。

小贴士

赏罚分明并不是一件简单的事情，而是一件系统的人力资源管理工程，这一工程是落实到位的基础性工作，也是重要工作，只有打牢了基础，才能保证日后的工作不处于被动的局面，才能调动大家的落实积极性，才能保证工作进程的顺利完成。

5
要同舟共济，爱护下属

《孙子兵法·地形篇》说："视卒如婴儿，故可与之赴深溪；视卒如爱子，故可与之俱死。" 这段话的意思是：将帅对待士兵像对待婴儿，士兵就可以跟他赴汤蹈火；对待士兵像对待爱子，士兵就能跟他生死与共。

老子说："江海所以能为百谷王者，以其善下也，故能为百谷王。"就是说，江海能成为储水最多的王者，是因为它所处的位置最低，万涓溪流才向它汇集。老子又说："圣人欲上民也，必以其言下之；其欲先民也，必以其身后之。故居上而民弗重也，故居前而民弗害也。是以天下皆乐推而弗厌。不以其无争与？故天下莫能与之争。"意思是，圣人若想处在上位上领导民众，就必须用言辞对民众表示谦下；要处在民众的前面领导民众，就必须把自己的利益放在民众的后面。只有这样，圣人居于民众之上，而民众并不感到沉重；位于民众之前，而民众并不感到妨害自己。这样的圣人，天下都乐于推戴而不感到厌恶。因为他不与民众相争。在这里老子把为什么要善下、怎样善下的益处都讲得十分精辟。

企业管理也是这个道理。

在北京，有一个公司老板是这样对待他的下属的：第一，没有任何社会保险与公积金；第二，工资的算法是月工资额除以三十再乘以实际工作日，国家法定节日也是如此；第三，工作不分黑天白日，要求员工随叫随到，即便是半夜三更也是如此。

这是一家从事矿产开发的企业，这家企业需要的除了一线的普通工人外，同样需要高级管理人员。很多人在面试进这家公司的时候，这位老板告诉他们：试用期过后什么保险、假期都享受，都按照国家法律、法规要求来走。当员工们争取他们的权益——社会保险与公积金、正常的法定带薪休假、正常的作息时，这位老板是这样回答的："你们看看建筑工地的那些农民工们，谁给他们上保险了？他们哪个不是上一天班就赚一天钱？他们不是人啊？你们非得跟他们不一样？"当员工拿出《劳动合同法》与其理论的时候，他又会说："什么法律不法律的，爱干干，不爱干走人。"

这个老板本身并不是没有野心、没有理想、没有目标，甚至他的野心很大，但是他忽略了一个问题，那就是任何一项事业的成功都需要人的力量，都需要下属们的积极努力。他这样对待下属不但会伤了下属的心，而且会使自己的员工流动率相当大。新员工每每刚刚适应工作，了解工作要求，老板的这些做法却又会使其深感不安全，于是开始跳槽。在一个没有优秀人才支撑的企业，如何保障其落实效果？

无论是什么样的企业，无论是哪一级别的企业管理者都必须明确一件事情：员工也是人，工作的完成有赖于人的共同努力，而今没有铁饭碗，也没有绝对的忠诚，上下级管理者之间永远是合作关系，而不是管理与被管理的关系。如果单纯地当成是管理与被管理、雇佣与被雇佣的关系，你就很难激发出员工的奋斗激情，也难以给他们归属感。没有了激情与对企业的归属感、认同感，员工怎么能主动承担起工作的重任？

因此，管理者在日常管理工作中应该经常能够换位思考，不要总是从领导的角度上去单纯地看待工作结果。管理者要学会，在关注工作结果的同时帮助员工进步，关心员工的思想动态。

事实上，大多数下属都会尽心尽力地工作，因为每个人都希望得到上司的赏识，没有谁会在工作中刻意犯错。有的领导可能会在下属犯错后吹毛求疵、小题大做，不予以理解，也不体谅其难处，这样久而久之就会与下属产生隔阂，工作配合就会有摩擦，并不利于工作的开展。

相反对于下属工作中有了成绩，上司应该及时给予表扬或奖励，并帮助他们确定新的、更高的目标，鼓励他们再接再厉，继续

探索和创新。工作出现失误，帮助他们查找原因，然后对症下药，绝不能不顾其自尊心和难处，不问青红皂白，一看工作出现失误就火冒三丈，大声斥责。这样做不仅不利于问题的解决，还可能引起下属的抵触情绪，久而久之，真心实意为你"效劳"的人就会越来越少。

下属也有自尊心，下属也希望被人尊重，一旦被尊重就会产生不辱使命的心理，工作上就会格外努力，一个人不论具有多大才能，若无法满足其被尊重的欲望，便会削弱他的工作积极性。领导与下属之间虽有职位高低、权力大小之别，但在人格上是平等的。所以，好的领导一定是尊重人的领导者，他并非以工作为重心进行单纯的工作监督，而是对人以积极的态度给予信任。员工得到上司的尊重，心中就会有满足感，工作也会尽全力去做。

作为管理者，要拉近与下属的距离，消除因职务带来的隔阂，创造一个平等信任、互相尊重、轻松愉快的工作氛围。领导者要善于从平常交往中的小事做起，态度亲切自然，平易谦和，自然就会形成这种氛围。领导者应该时常到各个部门走走，经常与同事、下属谈谈工作、谈谈生活，哪怕只是三言两语，也会让大家觉得你没有架子、容易相处。事实上，一些平常交往和平凡小事，对部下、同事来说并不小。这些看似小事的事情，一旦做了后，会让下属心中感到格外的温暖。同时在日常的聊天中，还能及时发现下属工作、生活中面临的困难，及时给予帮助，这样更有利于团队的凝聚力，更能增强团队的工作能力。

保护好下属的积极性，但对下属绝不能纵容。俗话说："真理往前迈一步，就是谬误。"与下属一起工作时间长了，日久情深，心有默契，成了朋友，但朋友相处，也必须把握度，要有所为有所不为。

爱护不是庇护，下属在工作中出现的失误或者缺点，作为上级绝对不能视而不见，绝对不能因为关系好了，就松于管理，疏于职守。

关心就是要从工作、生活、个人成长等方面对下属提出建议或忠告，避免其走弯路。

在处理与下属的关系上，要宽容而不纵容。管理者可以容忍下属的过失，但要指出其缺点和不足，帮助其加以改正，提高其工作能力。但绝不能纵容，对下属的错误行为，坚决不能袖手旁观，充当看客，而应当及时批评制止，甚至不徇私情，秉公处理。一言以蔽之，"严是爱，松是害"既是朋友相处之道，也是上下级和谐相处、干事成事的基础。

第七章

落实要到位，制度是保障

1

用制度保证落实，不以个人意志为规则

在2011年，庆祝中国共产党成立90周年大会上中共中央总书记胡锦涛发表了重要讲话，其中就谈到了制度的重要性，他说："在新的历史条件下提高党的建设科学化水平，必须坚持用制度管权管事管人，健全民主集中制，不断推进党的建设制度化、规范化、程序化。"

"90年来党的发展历程告诉我们，建设好、管理好一个有几千万党员的大党，制度更带有根本性、全局性、稳定性、长期性。必须始终把制度建设贯穿于党的思想建设、组织建设、作风建设和反腐倡廉建设之中，坚持突出重点、整体推进，继承传统、大胆创新，构建内容协调、程序严密、配套完备、有效管用的制度体系。"

关于制度，《商君书》中就有这样的叙述："凡将立国，制度不可不察也，治法不可不慎也，国务不可不谨也，事本不可不抟也。制度时，则国俗可化，而民从制；治法明，则官无邪；国务

壹，则民应用；事本抟，则民喜农而乐战。"意思是：要建设好国家，要有完备的法制建设，这有利于形成良好的社会风尚，可以摒除腐败，人人守法，上行下效，则可实现国富民强。

《孙子兵法·军争篇》说："夫金鼓旌旗者，所以一民之耳目也，民既专一，则勇者不得独进，怯者不得独退。此用众之法也。"这段话的意思是：使用金鼓旌旗的目的是统一全军的行动。全军的行动统一起来了，那么勇敢的将士就不能贸然单独前进，怯懦的也不能单独逃跑后退，这是指挥大部队作战的有效方法。

"金鼓旌旗"是什么？就是规则。在电影《集结号》中，九连连长谷子地接受了一项阻击战的任务，他与团长约定以集结号作为撤退的号令，如果集结号不吹响，全连必须坚持到最后一刻。九连的战士死伤惨重，他们打退了敌人三次进攻，炸毁两辆坦克，歼敌无数，终因火力悬殊寡不敌众，全连除连长谷子地外，47人全部阵亡。谷子地亲眼看着战友们一个个死去却无能为力，因为他没有听到命令撤退的"集结号"。

在这里，集结号就是制度的表现形式，这制度不因为你的伤亡而改变，所有的人无论付出什么样的代价都必须以制度为准则。"军令如山"，这是军队的规则，没有哪个明智的指战员会以个人意志为规则，随便地去要求自己的下属，因为那无异于自掘坟墓。

国家如此，军队如此，企业更是如此。

然而在今天的一些企业当中，却大量存在着家长式的管理模式，这些公司的规章制度只是废纸一张，真正执行的标准是老板的喜怒哀乐。于是我们经常能听到在员工当中有这样的口头禅——"老板让这样做的"、"老板不喜欢这样"、"老板现在要求这样了"……凡此种种体现的是一个没有规则意识、朝令夕改的企业管理者。没有规则的保障，工作就将失去计划，人们也会丧失方向，那么落实也就变成了一句空话。可是很多公司的拥有者并不这样想，我曾经听到一个公司的老板是这样说的："这个公司是我的，我不做也就没这个项目，所以我的话就是制度，你们落实的结果就是要完成我的理想。"个人意志被凌驾在公司制度之上，公司变成了私人作坊。

不能否认的是民营企业的确可以理解为老板的财产，员工要实现的是老板的意图，但是没有制度保证，老板的意图就不能得以实现，因为制度是铁打的，是有据可依的。譬如说三国曹操东征西讨，难道属下们不是在实现曹操的个人理想吗？但是曹操依然制定了严格的军令，甚至亲自"割发代首"，因为曹操的规则意识，才使他的部队成为一支强大的军队。有这样一个例子更能说明曹操的规则意识：曹操征张绣失利，大军溃散，唯独于禁临危不乱，且战且退。路遇青州兵四处抢劫，被于禁追杀后就去诬告于禁叛变。于禁先扎下营寨才去见曹操，曹操问他怎么不先来解释，于禁答道"分辩事小，退敌事大"。青州兵是曹操在兖州与黄巾军作战时收编的队伍，人数众多，战斗力也比较强，是曹操的嫡系部队，但是

曹操却没有迁怒于禁。反而称赞于禁说："将军在乱能整，讨暴坚垒，有不可动之节，虽古名将，何以加之！"

这是因为曹操心里很清楚，个人意志不能凌驾于军法之上，规则重于一切。

因此，即便公司是老板的，也要用制度保证落实，而不是用个人意志来维持公司的发展。尤其是在现代企业管理中，每个员工都有自己的个性、心态，如果单纯地依靠人治，依靠公司老板或者中层管理者个人的意愿去管理企业，那么企业将成为一团散沙。没规矩不成方圆，这就是要以人管理制度，以制度管人，双方面综合起来实施。

管理制度的制定不能首先考虑人的自主能动性，相反应该首先考虑到的是人的惰性，譬如简单的考勤制度，如果制定不得当，那么对于所有的迟到、早退、旷工甚至无休止的请假员工都会有足够的理由辩解。

所谓制度，不是随心所欲、朝令夕改的制度，它是经验的总结，具有长期性和规范性。所以，制度的制定应该首先遵守国家法律、法规；其次是符合行业与企业特征；再次是需要权力的保障。正如邓小平同志所指出的那样："**制度好可以使坏人无法任意横行；制度不好可以使好人无法充分做好事，甚至会走向反面。**"

制度包罗万象，其中最为重要的就是绩效考核制度、流程操作制度，绩效考核制度保证多劳多得，流程操作制度保证一线职工的工作规范。制度本身是职责的规范，也是责任追究的手段，如果没有制度的存在，那么一切执行都将无据可依。

　　中层管理干部是制度执行的决定层，作为中层管理干部上要对决策者负责，下要管理基层员工，这个时候必须摆正自己的心态。因为所有的员工都会对不同的制度有各种厌烦的情绪，身为中层领导干部应该十分明确制度的存在是为了推动工作的有效开展，而不是在员工抱怨制度严格或者不合情理的时候随之一同抱怨。一旦如此，虽然似乎是站在了员工的一边，但却等于与公司要求背道而驰，不但得不到领导的重用，最终也将为员工所耻笑。

2
要健全考评机制，不以个人喜好看结果

中国共产党历来就十分重视人才考评，早在2009年国庆前夕，中国共产党十七届四中全会审议通过了《中共中央关于加强和改进新形势下党的建设若干重大问题的决定》，明确提出："坚持民主、公开、竞争、择优，提高选人用人公信度，形成充满活力的选人用人机制，促进优秀人才脱颖而出，是培养造就高素质干部队伍的关键。"

高素质的干部，就是中国共产党能够取得令世人瞩目的成就的重要因素之一。

在家长制管理的公司当中，很多公司负责人不能正确地认识绩效考评的重要性。我们甚至可能会经常看到这样的情况，在某公司一个项目小组历时半年终于完成了一个项目，项目结果总体来说是成功的，但是其中难免会有一些小瑕疵，而老板就借口这些小瑕疵，不分缘由地对项目负责人进行了处罚。这是很多公司经常遇到的一类事情，出力不讨好，干活无功倒有过，项目结束不谈奖励只讲不足谈惩罚。这样的结果只能是让员工的工作热情日益冷却，并导致优秀人才的流失。因此必须要通过健全科学的考评机制来激励下属，功过都要有科学的分析判断，不能仅仅依靠主观的喜好来决定员工的奖惩，更不能毫无依据地随意滥用职权进行奖惩。一旦在员工当中形成怨气，也就失去了落实工作的人力资源基础，那又何谈落实到位？

除此之外，如果在工作中自觉干事、有能力干事的人的待遇没有得到明确体现，对混岗的、不能干事的甚至起消极作用的人也不能形成足够的压力，同样不利于激发员工落实工作的积极性。而健全考评机制的目的就是要科学评估工作绩效，切实落实各项工作责任，并把考评结果作为奖优罚劣的重要依据，使人有压力感、危机感，从而调动大家的积极性、主动性、创造性，强化其责任意识和服务意识。

科学的考评机制是人员升职加薪的重要依据，能够反映出一个人的工作结果和工作质量，从而折射出一个人的工作能力，以此更能准确地与被考评人的工资福利、职位升降等挂上钩。只有考评机制健全了，人们才会更加有效地去履行职责、去提高自身的工作能力、达成更高的工作目标；才能让能者上、庸者下。因此，先进的考评机制，就是能让员工的理想与企业目标保持高度一致，使企业目标的达成也成为员工理想实现的途径，从而为员工营造出积极的工作氛围，培养其共享成败的价值理念。

所以考评机制的操作以及指标设置就十分重要，首先要切合实际、简便实用，便于细化量化，便于考核评价；其次要严格程序，对考核活动的组织程序、方法程序、结果评定程序等都要进行科学规范和确定，并严格按照有关规定和程序办事；再次要防止投机，避免因考核指标或分值权重设置不合理而出现"绿叶胜过红花"、"配角盖过主角"、基础目标冲淡重点目标的现象。需要注意的是，科学的考评机制必须要建立在规范、清晰、合理的组织架构及职能设置之上。显然，如果部门职能不清，部门间的边界职能模糊，岗位的职责不明，部门或岗位设置重叠，工作流程没有文件化确认，责任系统不规范等，都会让考评体系的构建没有适当的根基。

科学的考评机制应该达到如下效果，第一奖惩分明。通过考评，能够公开、公正地让全体员工看到为什么奖励，为什么惩罚，从而能够激励员工积极工作学习，创造出良性竞争的工作氛围。第二鼓励先进、激励后进。通过考评机制，能够让员工一眼看到自己的优势与不足，能够明确哪些应该改正，哪些应该发扬光大。第三能为企业选拔优秀的人才。企业的发展有赖于人才作为基础，所以我们必须通过建立健全完善的考评机制来发现人才，提拔人才。

科学考评机制还应该要起到"王子犯法与庶民同罪"的效果，在不少企业当中，绩效考评或者考勤制度等仅仅针对某些部门某些人，考评变成了挑软柿子捏，这样的考评毫无价值，没有任何意义。绩效考评的关键是关注那些平时在公司位高权重的不好得罪的中层领导者，还有那些看似与领导有着千丝万缕的私人联系的"特殊人群"，或者是关系到企业的核心竞争力的人，或者是某职能部门的责任人，因为他们的绩效考核与评估工作越早走上轨道，企业也就越早走上绩效更加规范的轨道。千万不要因为A是公司的核心员工，为公司创造了不可磨灭的业绩，就能成为考评的特例。只奖不罚与只罚不奖是一样的，都是不公平考评的体现。

考评的目的是拿出工作改正的结果，而不是仅仅做出考评就结束。考评的结果处理其实才是考评的目的，在考评结果中一定要注意的是，第一，某个周期内的考评结果必须与相应周期的薪酬挂钩，千万不要把某一周期内的考评结果作为一个人的长久结论，譬如在销售部门，月考评结果就是当月的销售业绩，并不代表下一个月的销售业绩；第二，调薪或者岗位晋升应该充分考虑更长周期，比如一年以上的综合性考评结果，不要因为某个项目的成败或者短时期内一个员工的表现来轻易进行奖惩；第三，考评结果的差异必须在管理层面上有相关的奖惩体现，不能仅仅是出来一个考评结果就算了，而应该有对应的处理措施。

考评还要包括员工的晋升激励方式，那么，对于领导者来说应该如何确立晋升激励呢？

第一，指明员工的晋升途径。当新员工入职后，作为领导应该明确地告知对方他所要做的工作以及所处的岗位应该朝向哪个方

向晋升。这个晋升要明确而不是模糊的，比如策划经理未来会成为策划总监，销售经理将来会是市场总监。

第二，告知下属实现晋升的条件。 必须让下属知道，任何一个级别的晋升都需要一定的条件，也就是下属的工作需要达到的目标，目标明确后，剩下来的也就是努力了。同样，通过绩效考核、能力考核和不断的晋升，下属的潜能就可以被激活，他们就能够不断地提高自己的业绩，提升自己的能力，组织也因此得到持续的发展机会。

第三，制定科学的晋升阶梯与标准。 必须要明确每个岗位的任职资格、能力要求和岗位职责，让员工心中明确自己的差距，知道达到晋升所需要创造的条件，这样对于工作的落实就是一种内在的激励。

小贴士

只有我们的企业管理者制定科学的考评机制，并且建立科学的晋升手段，才能充分激励员工，发挥员工的主观能动性，使工作落实成为主动的，而不是被动的执行。

3

用日清月结方式，保证工作进度的推进

在日常管理中，我们经常会遇到这样的情况，如果今天的工作能够推到明天，那么绝对不会在今天下班前提前完成，我们的员工或者我们自己，宁愿每天把时间花在聊天、玩游戏、看电影上，也不愿意去把时间放在工作任务的完成上。要知道，员工的工作效率决定着企业的效益，要想打造一流的企业，必须要有高效率的员工队伍。若不然，效率低下的员工队伍最终必将成为制约企业发展的"软肋"。而提升员工工作效率的根本就是帮助他们养成"日事日清"的习惯，克服做事拖拉没有效率的恶习。

"日事日清"也就是海尔的OEC管理法(Overall Every Control and Clear)，意思为全方位优化管理法，这是海尔集团于1989年创造的企业管理法。朱镕基总理曾批示在全国推广这种管理经验。

OEC的含义是：

O—Overall 全方位

E —（1）Everyone 每人

（2）Everything 每件事

（3）Everyday 每天

C —（1）Control 控制

（2）Clear 清理

"日事日毕、日清日高"简单来说也就是：每天的工作每天完成，每天工作要清理并要每天有所提高。这也是落实到位的一个有效的管理方法，更是促进个人成长的有效手段。从工作的角度上来说，作为管理者要想提高工作效率，在交代工作的时候就必须要明确工作方向、完成时间、预期结果。譬如领导交代秘书"你去给我买一支笔"，这个时候秘书就很难圆满完成任务，因为工作任务交代不清楚，但是如果告诉秘书"你今天中午前给我买一支英雄牌、型号为100的钢笔"，这个时候意思就很清楚了。

所以，"日事日清"的前提是公司管理层要懂得如何布置工作任务，作为员工在遇到类似"你去给我买一支笔"这样的问题的时候，也一定要问清楚，千万不要盲目去买，那极有可能不但费力不少，反而南辕北辙完不成任务。

德国文学大师歌德在《浮士德》中写道："一天也不能虚度，要下决心把可能完成工作的时间一把抓住并且紧紧拥抱住，有决心就不会任其逃走，并且必然要贯彻实行。"在明确了工作目标后，要明确的就是时间概念。每个人早上起来到了办公室，应该首先在工作笔记上记录下这一天要完成的工作有哪些，一条条地按照轻重缓急去列好，然后逐条去落实。到了下班时，再去一条条地对比，看是不是全部完成了预期的工作；如果没有，就要反省原因出自哪里，如何改正。这样不但有利于工作效率的提升，也有利于员工队伍的成长。

日事日清还需要每天进步一点点，说到这里，就不能不说日本企业界的"戴明奖"。日本的产品质量有口皆碑，"日本制造"甚至一度成为最高产品质量的代名词。

可是日本产品最高质量奖却叫做"戴明奖"，而戴明是美国的管理大师，这是为什么呢？

原来，第二次世界大战后的日本因为长年征战加上战败，经济一片萧条，亟待振兴。日本人请来了美国的管理大师戴明博士向其请教解决良方。戴明博士来到日本时提出，"不用讲太多的道理，就一个理念，每天进步1%"，就是这句简单的"每天进步1%"，让日本企业家如醍醐灌顶，找到了企业经营方向，他们全力贯彻这一理念，研究如何"每天进步1%"。在这个信念的驱使下，松下、京瓷、本田、三菱等一大批日本企业逐渐成长起来，并成为世界一流品牌。

所以，为了感谢戴明当初一句话的指导，直到今天，日本产品的最高质量奖，依然叫"戴明奖"。

然而，故事到这里并没有结束，到了80年代，随着日本经济的崛起，日本企业的兴盛，美国的福特汽车在竞争中逐渐处于劣势，

亏损甚至一度高达30亿美金。于是美国人坐不住了，福特找到了曾经给日本人出谋划策的戴明博士，戴明给他们的回答依然是"每天进步1%"。

遵循这一观点的福特在两年之后，竟然盈利60亿美金。

这就是每天进步1%的力量。

1%并不是多大的数量，或者对于我们而言只是每天多看一页书，每天多写几行字，每天多跑一段路，每天多说几句话……然而就是这每天进步的一点点，日积月累后将产生巨大的作用。

要保证日事日清，必须建立相应的制度制约，必须要通过制度将这一工作方法变成工作习惯，而不能只是提倡，却不能落实。日报、周报、月报其实就是这一工作方法落实的具体手段。

小贴士

必要的监督手段是工作得以落实的保证，任何好的管理方式、工作方法最大的敌人就是空谈，一定要把这些好的工具用在实处，这样才是真的落实。

4
要注重管理模式，结合人性化与制度化

被誉为"企业管理之父"的德鲁克曾一针见血地告诫企业家们：企业不是议会。企业管理一直有两种对比，一种是人性化管理，譬如百度就采用了硅谷式的管理模式——员工可以穿着拖鞋上下班、考勤是机动灵活的、每天有免费的小吃零食伺候。事实上，这种看似人性化的管理也是以制度为基础的，如若不然，还有谁会去完成任务？这不成了大锅饭了吗？企业是一些人以营利为目的、按照一定章程组建的竞争性组织。既然是一个竞争性组织，那么效率便成为这个组织生存的基础，因为效率产生效益。

一名干部，能不能使下属心悦诚服地服从，靠的不是职位，而是自己的领导才能。领导，不是简单的发号施令，是一门科学，更是一门艺术。美国历史上威望很高的罗斯福总统认为："**一位最佳的领导者是一位知人善任者。而在下属甘心从事其职务时，领导者要有约束力量，切不可插手干涉他们。**"那么如何在制度之上做到人性化

管理呢?

第一,作为领导者,需要正确面对职务带来的权威,不要滥用权力,滥用权力带来的制度制定与改变权。对于许多员工来说,获得一个职位并不是十分困难的事情,但是否能赢得公司上下普遍的尊敬就是一件没有太大把握的事情了。每一位职场中人都必须明白,获得职位并不是我们的终极目标,我们必须成为职场中的佼佼者。

因为职务可能会带来权威,但是带不来尊敬。任何一个职务的背后,都是相应的能力在支撑,如果一个人仅靠职务带来的权力去维系部门管理,那么带来的将是灭顶之灾。所以,我们必须知道,任何人都可以通过关系、拍马屁等手段去获取职务,却需要技术能力的支撑去获取尊敬,需要和谐的同事关系来保证各方面的工作配合,只有这样才能保证不是一个人在孤军奋战。

太拿自己当回事,太不把别人当回事,换来的只能是拥有职务带来的虚假的快感,却得不到真正的成长、进步以及与之相伴的喜悦。

第二,管理是手段不是目的。任何一个中层管理人员需要明白的是,制度是针对所有人的——包括自己,以及那些需要制度约束、缺乏主观能动性的员工。

人性化管理不是放纵个性,而是当员工们明白了工作的价值,懂得了主动工作后,剩下的不是制度的约束,而是合理的工作分工,是依据每个人的个性和职业优势做出的工作分工。这分工是工作也是锻炼,是以后他们在简历上所体现的工作经验与能力证明,这意味着他们未来的职业走向。一个中层管理者的责任不仅仅在于圆满地完成工作任务，更在于带领整个团队不断成长，这样才能不断克服未知的困难，因为工作本身就是克服困难的过程。

第三，必须有明确的中层管理者的定位。一个负责任的中层领导考虑的不应该仅仅是工作任务的完结，而是团队中所有人的成长。不是在遇到问题的时候把责任推卸给上级、同事和下属，而是应该说"同志们，我们一起想办法解决"。

换一个角度来讲，中层，既是上司也是下属，处于夹层，所以更应该能够体谅领导与下属的难处。你对领导的期许就是下属对你的期许，你对下属的要求就是领导对你的要求。领导需要尊敬，下属需要自由，这是一个平衡木，只能走好，不然就是下马。明白了这一点，牢骚自然也就少了几分。

第四，作为中层管理者的目的并不是单纯地上传下达，而是在业务上对员工进行引领、指导，这才是领导的内涵。我们经常能够看到有那样一批管理者，他们的工作就是听取上一级领导的工作安排，而后传达给下级，然后就向基层员工要结果。一旦遇到追究责任，又会把责任推给他的同僚跟下属。这样的中层管理者如何能够带领员工不断进步，不断推动组织的进步与发展呢？

第五，作为中层管理者，他的领导职能中必须包含容忍下属的错误，并且对这种错误有能力进行纠正。如果领导者仅仅是依靠制度的约束去机械地对员工进行奖惩，而没有相应的手段去提升员工的能力，为其提供足够的发展空间，那么领导的权威还在吗？领导的"领导"职责又如何体现？

人性化管理是在制度化管理之内的管理艺术，作为管理者，作为一级领导干部，必须要合理地运用好这种管理手段，这是管理的需要，也是个人发展的需要，还是情感的需要。如果我们只是冲着员工大呼小叫，那么我们终将失去所有的追随者，失去了追随者的领导，还能做出什么业绩吗？答案很明显，不能。所以，**领导的艺术就是人性化与制度化的完美结合。**

5

要建立学习机制，员工与组织都要提升

小静辞职了，辞职的原因在于加薪的要求没有得到满足。小静在跟上司谈判的时候是这样说的："我来这里已经一年了，为什么别人都加薪，我却没有加薪？我没有功劳也有苦劳吧？"

上司反问道："如果不给你加薪，你会辞职吗？"

小静说："会的。"

上司笑着点点头，"那你辞职吧"。

这个过程描述得很简单，但是也很复杂。一个公司在进行招聘的时候，也就把这个人定在了这个岗位上，也就是因岗招人，这个时候，如果你不能用足够的能力来证明自己能胜任更高级的职位，而单纯地想凭借着工作年限来升职加薪，那是不可能的。因为，无论在什么样的组织机构当中，职位、薪水永远与一个人的能力与做出的业绩相匹配。而能力如何提升？那就是学习，只有不断地学

习，才能保证落实能力的不断提升。

说到学习，就会想到十年寒窗，想到考试。但是，职场学习不同于校园学习，多数人的校园学习是被动的、盲目的、应试的，但是职场学习恰恰相反，是主动的、目标明确的、现实的。职场学习是为了个人能力的不断提升，是为了落实能力的不断强化。因此，最近几年来，国内外都掀起了终身学习的热潮，倡导建立学习型组织、学习型社会。对于企业来说，建立完善的学习机构与培训机制，正是提升员工落实能力的手段，只有不断地加强学习，才能不断提升员工的创造能力、执行能力以及忠诚度，才能推动公司的不断发展。

而从员工自身的角度来说，更需要通过学习来不断地完善自己，需要通过学习来提升落实能力。那么如何学习呢？

首先是专业知识。专业知识是一个人赖以谋生的基础，如今大学生就业已经成为社会难题，究其根源一是教育的问题，二是需求的问题。单位需要的是什么？是有一技之长的人才，而不是泛泛地在简历上写着"大学本科、英语四六级、普通话流利、电脑操作娴熟"这样的套话。当进入职场后单位需要的是什么？是能在专业领域内不断汲取新的知识，不断获取新的灵感，不断寻求新的突破的员工。譬如，搞策划的应该不断地增强自己的策划知识，不断地创新策划内容；搞研发更应该不断提升研发能力，创造出更多的新产品；搞财务的应该掌握更加精确的财税知识。只有不断地加强员工的学习能力，才能提升他们克服工作难题的能力；也只有不断地加强自己的专业能力，才能得到领导的赏识，才能担当更大的责任，才能获取更高的职位跟薪水。

其次是企业管理能力。所有的员工如果想有向上发展的空间，就必须要学习管理知识，因为每一个中层干部都负有管理职责，因此管理能力很重要。甚至你可以专业能力不如别人，但是你的管理能力一定要很强，能够善于分配工作，调动下属积极性，这样才是一个好的管理人员。只有不断地加强自己的管理水平，才能有更高的管理职位等待着你，那也是职业发展的重要方向，因为很少有人能够一辈子安于做基层技术，而不向上管理。

再次是组织协调能力。任何一个人、一个部门的工作任务的完成，都是一个团队几个部门协调工作的结果，所以一定要不断提升自己的组织协调能力。在组织能力上，要重点提高分析能力、工作计划能力、整合本单位（部门）内部资源的能力、抓工作落实的能力。在协调能力方面，要重点提高上下级之间、横向之间、下属之间的人际关系协调能力，形成比较顺畅的工作联系和人际关系，为各项工作的开展奠定坚实的基础。

最后，还要善于学习。知识不是来自课堂，而是来自后天不断持续的学习，在实践中不断地总结、提升。所以，作为职场中人一定要善于总结，善于思考，善于积累，不能只是低头拉车、埋头苦干。所以不管怎么忙，都必须要挤出时间来学习，同时要有"三人行必有我师"的观念，善于向他人汲取经验。

《第五项修炼》的作者彼得·圣吉曾经说过："学习智障对孩童来说是个悲剧，但对组织来说，可能是致命的。"因此，任何一个成功的组织都应该是一个善于学习的组织，应该是一个鼓励组织成员学习的组织。

2007年商务部、国资委、全国工商联共同发起了为期三年的跨国经营管理人才培训项目，计划在三年内培养一千家企业的两千名跨国经营管理人才，以适应中国企业走出去的人才需求。想不到这一次培训通知发出去后，得到了中央企业的高度关注，各大公司纷纷派出了主要领导，甚至总裁亲自参加培训。培训中，这些久经商战的企业家们安安静静地听课，认认真真地记笔记，谦虚谨慎地向老师提问，丝毫看不出是掌管了中国经济命脉的大企业老总——那里的学员集中了中国本土最有实力的大企业。

为什么会有如此现象？并不是因为这次培训是由三部委来主导，而是因为我们的企业发展需要不断地提升自己的学习能力，不断掌握新的专业知识，以应对日趋变化的国际经济形势。所以，一个好学习、善于学习的组织一定是一个有着更为远大的发展愿景的组织。

小贴士

企业应该建立良好的学习机制，推动组织成员的进步，同时，作为组织成员，也必须明确学习的重要意义，不断地提升个人能力。

第八章

落实要到位，团队最给力

1
独木不成林，一流的团队创造一流业绩

纵然是敌众我寡，纵然是深陷重围，但是我们敢于亮剑，我们敢于战斗到最后一个人！一句话，狭路相逢勇者胜。亮剑精神，就是我们这支军队的灵魂。

——李云龙

同志们，我首先来解释一下什么叫亮剑，古代剑客们在与对手狭路相逢时，无论对手有多么强大，就算对方是天下第一剑客明知不敌，也要亮出自己的宝剑！即使倒在对手的剑下，也虽败犹荣，这就是亮剑精神！

事实证明，一支具有优良传统的部队，往往具有培养英雄的土壤，英雄或是优秀军人的出现，往往是以集体形式出现，而不是以个体形式出现。理由很简单，他们受到同样传统的影响，养成了同样的性格和气质。例如，第二次世界大战时，苏联空军第16航空团

P-39飞蛇战斗机大队，竟产生了20名获得"苏联英雄"称号的王牌飞行员。与此同时，苏联空军某部的施乌德飞行中队产生了21名"苏联英雄"称号的模范飞行员。

任何一支部队都有自己的传统，传统是什么？传统是一种性格，一种气质。这种气质和性格，是这支部队组建时，由军事首长的性格和气质决定的，他给这支部队注入了灵魂。从此不管岁月流逝，人员更迭，这支部队灵魂永在。

不知道大家是否听说过"人声失控组合"？这是一个从《中华达人》的网络版中走出的歌唱组合。我没有特别关注过他们，因为这不是我所关心的热点，但我却无意中从电视上看到了他们的表演。是那些杂乱的音符和组合的名称吸引我看了下去。说实话，我实在听不懂他们唱的是什么，呜呜呀呀中夹杂着人用嘴模仿出来的乐器的声音，像我这种非专业非歌迷人士很难领会其中的妙处所在。但是观众的反应竟然还不错。我于是好奇地上网查了一下他们唱过的歌曲，结果发现这群人还是有很独到的演唱技巧、大胆的创新能力和惊人的合作精神的。而我发现，团队合作是这个组合成功的最关键因素之一。五个成员中任何一个人在"人工配乐"中出现差错，整个表演都会失去控制，名为"人声失控"，实则是在看似失控的声响中奏出与众不同的音乐效果。有人用麦克配乐，有人负责唱歌，各司其职，却又充分融合。这是我见过的听起来最乱、合作起来最有难度，但效果却得到很多观众认可的组合。

　　而我们也可以反过来思考一下，如果这五个人在表演过程中各顾各的，谁也不管其他人什么时候唱什么、什么时候模仿什么乐器、什么时候附和、什么时候停下，处于不合作状态，即便是个人能力发挥到了极致，结果也是糟糕透顶的。人本来就多，声音又混乱，那就不是组合演唱而是群魔乱吼了。这些人单独拿出哪一个，就算个个身怀绝技，唱功了得，模仿力了得，在当今新星层出不穷的歌坛，恐怕想要成名也不是很容易的事情。离开这个组合，他们的表演就失去了特色，被欣赏的价值就会大打折扣。可见，独木无法成林，在必须有人与你合作才能完成的工作中，团队的优劣直接影响到工作结果的好坏，只有一流的团队才能创造一流的业绩。

　　一般具备一定规模的公司都会给员工做定期或不定期的培训，其中团队合作也是很重要的一个培训项目。因为公司的绝大部分利润都是由优秀的团队创造的，而不是靠某个人的力量来达成目标的。如果某个人在某个项目中起到了决定性的关键作用，给公司创造了很大利润，那也只是一时的而非一世的，公司是需要很多团队来运营、获得持续的利润以保证自身的可持续发展的，而这不是个人行为就能完成的。有的公司为了加强员工的团队意识，搞好团队建设，甚至花高价请社会上的专业机构给员工做培训。目的就是让员工真正具备团队精神，在团队的大环境中充分发挥个人能力，而不是盲目地搞个人英雄主义，最后因为一条鱼腥了一锅汤。

　　讲究团队合作需要注意以下几点：

首先，要在正确的位置上发挥个人能力。一个优秀的团队之所以能够发挥出1+1>2的结合力，首先是因为有了两个1，而后是用正确的方式结合在一起迸发出大于2的效果。所以，要想团队优秀，必须保证个人能力的充分发挥，把正确的人放在正确的位置上来用。就像踢足球，前锋、中场、后卫，每个人在踢球技能上的训练基本一样，但不同位置上的人踢的策略却大相径庭，只有正确安排人员角色才会取得好的效果。善于搞创意的而去做执行，执行力强的却被派去搞策划，结果可想而知。个人有了能力，还需正确安放，否则这个团队就变成了一团乱麻。

其次，不要在团队中留有私心。团队成员的目标其实是非常一致的，就是把负责的工作做到最好，将利润最大化。任何一个人的疏忽或怠慢都将导致结果的失败，而这样的结果对个人而言也无利可图。当工作安排到自己头上时，有七分力就不要用三分，全力以赴才有好的回报。也不要为了争权夺利或者其他目的故意捣乱，执行时玩心术，用自身的成心失职将你的上级或其他成员置于被动的地位，这种行为只会给你带来更大的负面影响，对你本人的职业成长也是一种阻碍，人格缺陷上反倒多添了一笔。

再次，愿意为团队贡献策略。有些人觉得既然我只是这个团队中的一个下级，那我的任务就是执行，执行力强就可以了，没有必要出谋划策。不论遇到什么任务，我都听上级的安排，上级的枪指哪里我就打哪里，至于打过之后的结果不该由我承担，那是领导层的事情了。其实这是一个很大的理解上的误区。团队中的任何一人都应该把自己当成一个管理者来思考问题，除了履行自己的工作职责以外，还要多从宏观的角度分析、提出和解决问题。有了好的想法要及时与同事和领导分享，用恰当的方式与大家沟通交流，既利于团队战斗力的加强，又在此过程中增加了见识、提高了能力。

最后，善于进行自我管理。在团队合作中，懂得如何约束和激励自己；要给自己增加工作压力，形成正确的工作价值观；要善于开发自我潜能和自身资源；做好时间管理和职业生涯管理；让一切自我行为都变得有计划性、条理性、进步性和准确性。不要因为是团队行为而放松对自身的要求和标准。

对于团队精神我们始终都在强调着，但总有人是做不到的，所以这样的培训就不能停止。我对团队意识的理解其实就一句话：**团队优则我赢，团队劣则我输，一流的团队创造一流的业绩**。输赢是很好理解的概念，一说就懂，只有合作得好才能达到共赢，否则单靠个人的力量是干不成大事的，一个好的团队可以成就一群人的事业。我们工作就是为了让自己的生活变得更美好更富有，如果天天奋斗就是没成果，整天混日子赚不到钱，那还不如去当乞丐，混吃等死就好了。何况乞丐们现在的竞争也很激烈的，要拼扮相、拼技能、拼团结、拼工具，如今乞丐都是组团要饭的，也是需要技巧培训、相互配合的。要是不会拉个二胡、弹个吉他什么的，在乞丐队伍中你还是下等级别呢，想要参团还得付出些代价才行。

小贴士

意识到团队的重要性，就要调整好自己的心态，在合作中充分发挥出自己的能力和特长，与团队成员搞好关系，不断学习与进步。如果这个队伍中的每个成员单独拉出来都是一棵茁壮的参天大树，那么这个队伍就是一片出类拔萃的森林。你的价值就在于这片森林的价值。

2
做人要低调，懂得进退才能无往而不胜

这个世界上，很多事情都不是以人的主观意识为转移的，构建理想与实现理想之间还是有很大距离的，而这段距离中包含的东西足够我们用一生来学习。既要学做事又要学做人，做事讲时机要用心，做人懂进退要低调，这其中的度需要我们自己掌握，获得这个密码的人才能无往不胜。

宋朝的王安石在《上蒋侍郎书》中说道："时未可而进，谓之躁，躁则事不审而上必疑；时可进而不进，谓之缓，缓则事不及而上必违。"意思是说时机尚未成熟就干，叫做急躁，急躁就事理不明，主上必然生疑心；时机已经成熟而不去干，叫做迟缓，迟缓就办不成事情，主上必然生怨恨。这是告诉我们，做事要适时而动，不急不缓。时机对于想要成功的人来说是非常关键的。因为很多事情不是我们想了做了就成了，何时做何时止需要我们用心去衡量和把握。费了九牛二虎之力把事情完成了，结果领导说这件事情并不

着急，另外一件事情才是当务之急，估计这句话一出口你的所有功劳就变成了泡影，肯定是既恼火又无处可发的。做事掌握好时机，分清楚轻重缓急，会让你的价值成倍上升，否则就只有吃力不讨好的份了。要不现代人在演绎古人的爱情故事时，其中的女子常用"书呆子"来形容不解风情的读书人。书倒是读了不少，道理也明了，做起事来一丝不苟，质量是绝对没问题的，可就是何时进何时退弄不明白，着实让人苦恼。如果那个"有意的女子"只看结果不看人，不给你将功补过的机会，一棒子打死你，你就再无机会翻身了。

我朋友所在的公司就有一个这样的同事。她是个大学本科的应届毕业生，党员，大学时是学生会副主席。做事的态度、劲头和完成的质量都是没得挑的，但就是一根筋，认准一条道跑到黑。老板多次批评她这个毛病，始终没有改正。有一次，她手头有一项目图纸，做了一个多月了，花费了她很多心思，眼看要完成了，老板突然通知她这个项目因某些原因暂停进行，交给她另一个任务。她很愤懑，因为的确是日夜兼程用心良苦地设计了这么久，就像自己孕育一个孩子一样，舍不得半途打掉。于是她没有迅速做老板后来交代的事情，而是先把已经确定搁浅的图纸给做完了，结果误了另一个项目的进程，客户对公司很不满，给公司的信誉造成了极大的影响。为此，老板开除了她。

我们也可以说这个人的性格存在缺陷，她确实没有掌握好做事的时机和进退的尺度，才造成了无法挽回的结局。技高一筹确实是你可以牛的资本，但缺乏做事的技巧和分寸一样行不通。

　　做人也是学问。我们身边有很多人其实都是非常了不起的人物，有成功的政客，有富有的商人，也有著名的教授。这些人身上的资本多得可以砸死人，无论是自身的能力还是外界的资源，都是一般人很难赶超的。想象中这种人是可以趾高气扬、傲世轻物的，但事实恰恰相反。越是资本大地位高的人，在和平常人接触时越显得他们有修养有气度，不摆架子，人家身上有的都是让你自然而然产生敬畏的气场，而不是在言行和态度上做文章给别人造成压力，这才是气质、才是素质。无论站在多高的位置上都能做得低调不张扬，平易近人，说话不拿捏，不会让地位或级别低于他的人感到有压力，一切都基于"得体"二字，既让你觉得舒服又让你暗自佩服。

　　而我们这些社会上的小人物有时反倒很难做到这一点。稍有一点成功就找不准方向的人还是有的，不把同事放在眼里恃才傲物的也大有人在，因受到领导的赏识而得意忘形的也比比皆是。其实这是做人的一大败笔，如此高调就会招致祸患。我们并不知道明天的我们会在哪里，处于什么位置。你的属下也许一夜过后就变成了你的领导；你的同事的爸爸也许就是某个大型公司的老总，人家半年的工夫就接了班；你的客户当中的某个人也许就是你事业上的贵人；你的上级也许就是集团未来的接班人……这些可能都是将要发生的现实，而你，也许在风光之后一事无成，成为人下人。平时不懂得做人，站在圈外，日后就没有人会买你的账，当你风光不再沦落的那一天，却没有谁愿意伸出援助之手拉你一把，到那时方才醒悟恐怕为时已晚。

所谓的成功人士通常都是交际的一把好手，在上下级关系的处理上不输他人，职场中人就要遵循职场规则。要懂得和不同性格的上司愉快相处，想他们所想，按照他们的思维习惯考虑问题；做他们所欲做，按照他们的行为习惯执行工作。领导喜欢性格稳重、说话温和的人，你就不要显得雷厉风行、声音高亢；领导喜欢办事前周密计划和办事后认真总结，你就在执行前后提交一份完整细致的工作计划和工作汇报；领导不愿意在周末时间被人打扰，没有不得不汇报的事千万别打电话；领导偏向于用A方案，你就不要强调B方案有多少优势了。总之，别把自己太当回事，每走一步都向上看看，懂得何时进何时退。凡事不要以自己的意志为转移，在恰当的时候做正确的事，领导认同了你的工作才有价值，否则就是出力不讨好。在这种工作关系的处理上，既要实干，又要懂得表现。活干得漂亮，事办得得体，也就齐了。只知道表现而拿不出真本事的人，恐怕也混不了多久。

我们都需要去研究人性，认清自己也认清别人，在做人做事中拿捏好分寸，掌握好方式。任何人都有我们可学习的地方，不能因为自己能力和级别高了就目中无人，也不能因为自己能力和级别低了就低声下气。努力向上攀登，做一个低调有素养的人，做一个低调有上进心的人，成功一定会在前方等着你。

3

团队要团结，可以有争论却不能有隔阂

　　有人曾经问过我是否喜欢团队内争论不休？对于这个问题我首先要表明的立场是：我讨厌和死气沉沉的一群人一起工作。其次我想说：我也不喜欢整天因为工作做无谓争吵的人，尤其讨厌在争论中败了下风就恨不得与"赢家"势不两立的人。团队要团结，但不意味着排斥争论，争论如果是有创造性的而且有利于团队正向成长的，那就可以有，而且欢迎有。只是不要把争论恶化成争吵，也不要发起一些与工作关联性不大的争论。争论之后更不能有隔阂，否则争论不仅没有意义，反倒成了负价值。

　　工作中常常会遇到这种问题。因为想让所有人的思想达到高度统一是不可能的，每个人都有自己独立的见解，并且希望在工作中充分展现出来，进而得到领导或同事们的认可。遇到任何一个问题，都有可能在团队中发出不同的声音，可能初衷是一致的，但在讨论的过程中往往由于意见相差太远而转化成争论。这是不可避免

而且一定要有的，团队的进步离不开团队成员的每一条有创造性的建议，要不然就会死守旧例缺乏创新了。

　　争论是好事，争得好不仅不会影响团队的团结，反倒会给团队注入新鲜的血液，同时激发其他成员的上进心。为什么很多时候我们愿意采用头脑风暴的方式获得解决办法，就是基于这一点。没有人参与的讨论是可悲的，大家在遇到问题时全部听从领导的安排，谁都不发表意见，像一潭死水，那么这个团队离解散差不远了；也说明这个团队是一个没有创造性、没有胆识、没有激情的团队。所有人都听一个人的，说什么是什么，脑袋只是会议当中的一个摆设，那还不如放在家里。

　　就像我们上学时常会遇到的情景，老师提出一个问题，有人给出一个可能的答案，老师就问了，还有没有其他的意见？结果所有人都不举手也不吭声，还生怕老师点到自己名字，耷拉着脑袋以示没有。每每这个时候，我相信站在台上的老师都是失望的，因为自己教出来的学生完全没有见解、没有主见，只能人云亦云，这是可悲的更是可怕的。

　　作为领导，千万不要因为害怕出现与自己不同的声音而扼杀大家的发言机会。如果真的演变成上面提到的情形，久而久之这个团队就可能走向解散，那么"领"与"导"都没有存在的必要了。

　　真理有时就是在争论中产生的。每个新事物的诞生都会存在争议，让所有人一下子全部接受几乎是不可能的。而争到最后，总会有事实来证明某个人观点的正确性。经历过争论的观点才经得住考验。**所以我们要敢于思考，敢于把思想大声说出来，这既是对自己的锻炼也是对团队的负责。**让正确的思想引导团队走向，让手里的工作沿着正确的路径进行，会减少很多不必要的弯路。所以，遇到问题时要及时讨论，勇于争论，给问题亮出最后一盏明灯。

但千万不要把争论演化成争吵。有的人脾气不好，尤其害怕自己的意见被别人否定，一旦有人站出来说出不同的观点，就立刻受不了了，脸色也变了，声调也变了。这就不太好了。不但暴露了你本身的不够宽容，容纳不下别人的建议，也不利于大家的团结。有的人在争论中一旦占不了上风，为了坚持己见，就提高声音，身体语言也逐渐多起来。甚至可能在比比划划的过程中让对方误以为你对他有敌意，再见面时两个人就变得有点"仇人相见分外眼红"的味道，谁看谁都不顺眼。还有的人总以为谁要是否定了自己，并且其建议被最后采纳，就认定那人是抢了自己出彩的机会，也会心存隔阂或怀恨在心，这些都是不可取的。我相信，一个成熟的有思想的职场人绝不应该犯这种低级错误。我们的目标是一致的，就是让团队遇到的难题或问题得到有效的解决，从而达成甚至超越既定目标。目标完成了，我们每个人都是功臣，不会因为当初采纳了谁的意见就将其奉为神，只要我们尽心尽力了就受之无愧。

聪明人总是在学习别人的长处而不去计较别人的短处，把别人当成镜子照亮自身的缺点是明智之举。在工作中逐渐将缺点改掉，将优点

发扬光大，这种人一定会有所成就。**在讨论中学习别人不同的思维角度，在争论中让自己的思路经过别人的点拨更加明朗化、细致化，这是我们应该做的。**因为工作而与某位同事闹出矛盾，只能为你的人际关系减分，即便大家不说，也会私底下对你的性格和人格做一个负面的评价。没有什么是不可商量的，也没有什么是商量不出结果的，何况是大家坐在一起想办法，这是给团队中每个人一个均等的发言机会。懂得把握机会的人是有培养价值的，上司会把每个人的表现通通记在心里，这也是对大家的考验。职场中的每一步路都是有计划和技巧性的，就看自己如何把握了。

还有一点不得不提。我们鼓励正向积极的争论，是基于与工作相关的问题之上，而不是鼓励一切争论。如果在研究问题的过程中，大家争着争着就把问题扩大化，由此及彼，又由彼及此，最后变成了无休止的没有任何意义的拉大锯式争论，这种争论要及时发现并制止，领导尤其要担负起这种责任。这种争论会导致整个工作进程受到影响，拖大家后腿。

我们要学会如何在公共场合发表言论，无论是语言技巧还是语气轻重，要考虑到整体人员的感受和反应。如果有不得不表达的却可能引起别人较大争议的观点，也未必非得在当时争出个所以然来，等问题得到妥善解决了，我们也可以私下做一次善意的沟通。在争论中长见识，在沟通中成长，做个漂亮的职场人。

4
不说三道四，办公室政治影响工作效率

有人的地方就有江湖，有江湖就有斗争，办公室也是一个江湖，每个人都有自己的势力范围，都有自己的利益，于是办公室政治成为所有职场人必须面临的一个现实。即便你足够圆滑世故或守口如瓶，即便你不争权夺利或安于现状，你仍然会不时地被卷入各种旋涡之中。在办公室这个小空间里，没有所谓独立的个体，只要你与人工作，只要你必须存在于这个集体之中，你就会不可避免地成为别人眼中的相对利益个体，你的一举一动都可能成为他人有意无意的谈资，甚至引起风波。办公室政治带给我们的影响绝对不是正面的，不仅会让我们迷失方向，更会影响我们的工作效率。

办公室的新闻就像报纸上的社会新闻一样，每天都会更新。你的耳朵会在大家休息时间的讨论中获得刺激，但你的嘴巴最好停止无谓的工作，准确点说是尽量闭口不说。因为人不能当哑巴，所以只能靠头脑控制自己的表达欲，言在恰当处，会带给你好运，言在

不当处，则是给自己增添无谓的烦恼和麻烦。

一句话能成事，一句话也能坏事。

倘若某个办公室的政治观点已经被绝大多数人认可，或者已经达到狂热程度，那就不要轻易地动摇它。船尚未启动时一切都是平静的，在启动之前你若在公共场合动了它，当了第一个吃奶酪的人，那下场不会太好。

某个公司的员工们有个不成文的约定，每个星期五的晚上，各部门员工都要出去聚会喝酒娱乐，算是员工之间沟通感情的一种方式。当然都是自愿的，去或不去都是自由的。反正当作放松了，不去就会变得不合群，也无法获得在公司里得不到的一些信息。久而久之，大家都很喜欢这种方式，要是有特殊情况取消聚会还会很失望。结果有个新来的员工就不喜欢这种活动。他在参加了两次之后就在公司里毫不避讳地大声发表言论说："我觉得这样的活动应该取消。一是频率太大，二是太破费。工作以外的时间就应该自由支配。"有人当场就反驳他说："又没人强制你，爱去不去呗！"好嘛，从那以后，公司里的老员工们对他就有些反感，工作上也不太配合，搞的他很被动很孤立，几乎要待不下去了。

其实，他完全可以找个借口跟部门经理解释不能去的理由，也没什么。就是因为他在公共场合反对所有人热爱的活动，说了一句心里话，就被冷落了；连工作都没人配合，没人支持，工作效率降低，没有成绩，"死"是早晚的事。

有人说，如果连公司里发生了什么大事都不知道，那就别在这个湖里游了。比如今天谁被开了，谁得罪了上司，谁要升职了谁的工资涨了，谁家的孩子满月了，谁家的孩子出国上名校了，谁和谁建立恋爱关系了，谁是某个职位的候选人了，谁是公司的空降兵了，谁是谁的心腹了……这些看似与你无关的事情你又不能不知道，你得从过来人的经历上找经验找路径，知道面对不同的人如何说话行事，知道复杂的人际关系网下如何变换技巧，可是不能讨论这些事。别人说你就听着，需要发言时尽量做到言之不伤筋骨。

美国的一个行业领先企业的创始人说："即使每个人都有不同的观点，但保持不同还是会严重地影响工作。"办公室里的不同声音多了，事端也就多了。大家把注意力用在了工作以外不该用的地方，工作的效率就会降低。做人最忌讳的就是道人是非。这在生活和职场中的评判标准是一致的。一旦开了这个口，就等于打开了潘多拉魔盒，所有对人对己不利的看不见摸不着的嫉妒、贪婪、虚无、邪恶甚至诽谤等，都会在空气中蔓延开来。也许受损失的不是别人，最后只是你自己。三字经的开场白就是"人之初，性本善"，我们该把这种纯洁的善良延续下来，与人为善，即对己施善。

我认为，混江湖的人，有99%的人会变成说谎高手，剩下的1%还有可能随情况变化临时改变主意在当事人面前揭你老底。就算多数人认为此观点完全是个人极端主义的不良产物，依然对利益主导下的友情和真诚抱有怀疑态度。没有人愿意活在一片不真诚的天空下，但你必须把状况往最坏处分析，这样才能做出最理性的举动。世界是美好的，人类是善良的，我们不过在已经被证明过的事实面前，提高了对真善美背后的丑恶的警惕和思考。何况背后道人是非本身就不是光彩的事，对于此类人，应该人人喊打才对。

"言多必失"说得真好。不仅不能背后评论别人，连多余抱怨的话也不能随便说。

有一白领，和同事吃饭时抱怨着："唉，真要命，部门出差的活太多了，一个月在家的日子都是屈指可数的，领导就不能安排别人去吗？"这随意一说不要紧，听的人也无意中把这话说给领导了。领导当然不高兴，这等于是对自己权威的一种挑战。你是赚工资的，领导的正当工作安排你都不满意，那还想干什么呢？于是，领导把更多出差的活派到了他的头上，这么一来，他的工作就变成了纯出差性质的。这人终于受不了了便主动提出了辞职。直到他离开的那天也并不知道，就是自己无意中的一句抱怨毁了自己在领导那里的信任和认可。可谓说者无心，听者有意，那个同事也并非有意要害他的。

有人一旦把你当成知心人，还成了倾诉对象，对你说的任何"秘密"你都要烂在肚子里。这样既保护了自己也不会害了别人。此外，不要别人倾诉时你也情不自禁，把本不该说的全都抖出来了，职场中别轻易把他人当知己，最好在脑子里就没有这个概念。

不得不扮演调解人的角色时，要用中立的态度去评论和调节事件，永远对事不对人，和谐第一。个人以身作则，让喜欢搞办公室政治的人无处生存。

当别人提出一个观点时，即使你不能苟同也不要用沉默表示反对，还是要回复。但回复不要插入本人的观点，这样只能吸引对方做进一步更深入的讨论，而你也不得不陷入这个讨论之中。这是你意识到"聊天危机"时在第一现场要做的第一反应。

得到一个前沿消息时，静观事态发展即可，不要透露给谁，哪怕你认为是无关紧要的一点小事。尤其涉及公司高层人员变动、政策变动，你最好做一个不会说话没有思考力的瓶子，保持缄默。你一开口，就有了政治倾向，就会有朋友也有敌人，最后谁胜谁负都是未知的，你的倾向就是一种潜在危机。

向领导反映问题时，要注意方式、方法。你不要直接告诉你的老板：我不喜欢怎样怎样——职场里没有你的喜好；能不能实施你的决定——搞清楚谁才是老大；为什么奖励名单里没有我——那是需要你自己思考的事情；我不想在谁谁的手下工作了——那你可以拎包走人了……既不要让领导觉得你不敬，也不要越级反映问题，和领导说话要小心、谨慎、平和、倾听。

小贴士

　　要时刻注意在办公室里说的话，无论你说过什么，相信什么，总有人认为你非常明智，而另一些人却不这样认为。必须说什么时，也永远抱着对事不对人的态度。你是保护自己最好的选手。

5

遇事勤沟通，信息对称有助于工作配合

网上前一段时间流行"上司谜语"，笔者列举了一系列上司在不同情境下的"暗语"，不妨摘取几个：

（1）真的吗？（注释：胡说八道！）

（2）或许你可以去询问一下别人的看法。（注释：你等着看谁会理你！）

（3）我当然也很关心。（注释：谁有空儿管这事啊！）

（4）嗯，这很有意思。（注释：这是什么东西！）

（5）我会试着把这件事情插进工作进度中。（注释：你小子怎么不早一点儿交代？）

（6）他可能不太熟悉这件事情。（注释：他脑袋里面装的是糨糊！）

（7）你可能还不太了解。（注释：你脑子里是不是进水了？）

（8）我了解，我了解。（注释：这家伙究竟说什么呢？）

是的，职场、官场都有一些潜规则，于是有了潜台词，出于这样那样的原因，上司往往不会明白地说出自己的意图，而是通过暗示的手段，作为下属，必须要准确地判断上司的意图，这是工作开展的基本前提。如果上司的意图领会错误，那么等于有苦劳没有功劳，等于白费力气。因此，有的员工在接到领导的指示后马上投入工作，直到做了一段时间后才发现，原来自己走错了路。

那么应该如何正确理解领导意图呢？

第一，在领导安排工作的时候，一定要认真记录，不要过于相信自己的脑袋，而要相信自己的笔头，要将领导交代的工作内容、完成期限、达到效果记下来。如果不清楚一定要多请教，而不能一味地不懂装懂或者主观臆测。在领导交代完，自己也问完后，要简单地陈述一下上司布置的工作内容。

第二，在接受工作任务的时候，一定要与领导进行确认，千万不要有"自以为"的理解成分在里面。领导确认是职场工作开展的重要环节，只有确认确认再确认，才能使得工作不犯错。因为确认工作有两种作用：第一检验你是否真的理解了上司的意图；第二也是帮助上司梳理思路，确认指令的过程。

这种确认不但要通过口头，更重要的还要通过书面确认，可以通过工作报告、电子邮件请示的方式得到领导的书面肯定。只有当上司明确了你的理解是正确的，那才是真的确认。

第三，如果还不完全地把握上司的意图，你也可以通过旁边的人侧面地了解上司的工作意图，而不耻下问就是最好的途径；要经常向那些老员工，与领导相处时间久的人去学习，去领悟领导意图的表现方式与工作习惯，千万不要自以为是，更不要胡乱揣测。

第四，在记录下领导意图，明确了领导指示后，需要做的就是多汇报。多请示汇报是保证工作不走偏的重要手段，也是保证随时与领导沟通的重要手段。汇报的作用有两个：一是让领导及时掌握工作进度，二是随时让领导知道自己的工作成果。因为领导的意图可能会根据事物的不断发展而发生改变，只有及时与领导沟通，及时汇报，才能让领导掌握工作的发展态势，及时修正工作战略。

第五，工作完成后，千万不要急于去向领导进行最后的汇报，而要进行全盘检查，看看是否存在什么漏洞，还有没有更好的解决方案，同时要将领导关心的问题默默地过一遍，准备好汇报的方式、方法和对答内容后再去汇报。所有的这一切，都要及时地完成，因为领导的事情要最快、最优地顺利完成，这样才能够得到领导的赏识。

第六，每个上司都有自己的行为方式、思维习惯和工作思路，这是不容置疑的，作为下属不要期待着上司跟着自己的思路走，更不要妄图去改变领导的这些习惯，否则只能走人。领导意图不是凭空而来的，领导意图是从战略的高度上得到的。因此要想领会领导的意图也必须要培养自己的大局观，要掌握组织的发展情况，经常性地进行换位思考。千万不能在思考问题的时候局限于自己的岗位、职位、知识、年龄等，要积极地做到与领导的思维同步，也就是要不断地超越自我去考虑问题。

战场上讲究的是领悟上一级的战略指挥意图，工作中需要的也是这一点，千万不能因为懒惰而少了对工作精神的领悟。"不明白、不理解"就会导致工作的失败。当你的结果是错的，无论过程多么努力都是徒劳。而在过程中只有保证与领导不间断的沟通，多请示汇报，才能让信息畅通，才能准确领悟领导的意图，才能保证落实到位。

吴宏彪经典培训课程

课程内容

▶ 精细化管理——工作质量控制与改善的整体解决方案
▶ 银行精细化管理——业绩增长、客户满意的管理模型
▶ 医院精细化管理——患者满意、疗效改进的管理机制
▶ 向军队学管理——忠诚、敬业、高效的团队建设
▶ 银行大客户开发——一线员工大客户开发的技术手段
▶ 核心价值观——推动企业持续发展的精神力量

课程特点

理论、模型、工具与套路
案例分析、讨论、思考与练习
现实的工作帮助与全新的管理理念碰撞

☎ 接受课程预定

请与博士德联络：

陈旖光老师	010-68487630-215	13521352981
赵　敏老师	010-68487630-217	15901445052
张金霞老师	010-68487630-208	13911741711
王　思老师	010-68479152	13466691261

刘寿红经典培训课程

课程内容

▶ 安全精细化管理——风险控制到工作每一环节，每一步骤

▶ 车间精细化管理——点、线、面构建精细化管理体系

▶ 班组精细化管理——细节管理进班组

▶ 班组成本控制——浪费的都是利润

▶ 班组执行力塑造——执行力就是战斗力

▶ 基层主管如何激励员工——三大体系八大方法

课程特点

实际、实用、实效

理念、方法、工具三位一体

案例+情景模拟+互动研讨=挖掘潜能

☎ 接受课程预定

请与博士德联络：

陈旖光老师　010-68487630-215　　13521352981
赵　敏老师　010-68487630-217　　15901445052
张金霞老师　010-68487630-208　　13911741711
王　思老师　010-68479152　　　　13466691261

高伯任经典培训课程

课程内容

▶ 企业创新与创新管理——点子、方法、流程、机制构建创新管理体系
▶ 经理人的领导能力塑造——从管理者到领导者的必修课
▶ 教练式领导力——从管理员工到培养下属的领导方略
▶ 高绩效团队——把正规的组织变成灵活高效的团队

课程特点

工具方法简单易学，课程互动灵活有效
学员当场就能感受到自己的改变
配合教练型领导技术，手把手讲授管理技能
用最短和最快捷的方式，达到学习效果

☎ 接受课程预定

请与博士德联络：

陈旖光老师　010-68487630-215　　13521352981
赵　敏老师　010-68487630-217　　15901445052
张金霞老师　010-68487630-208　　13911741711
王　思老师　010-68479152　　　　13466691261

☞ 请登陆：

🖊 **中国精细化管理网：**

www.jxhgl.com

精细化管理培训	精细化管理咨询
精细化网络营销	经济转型产业升级
国际流动课程	日中中小企业对接

🖊 **中国执行力培训网：**

www.Chinazxl.com

解放总裁	企业执行力
政府执行力	团队执行力
团队执行力咨询	执行力图书光盘

🖊 **新浪微博：**

http://weibo.com/boshideliliang

欢迎老师加盟

北京理工大学出版社
BEIJING INSTITUTE OF TECHNOLOGY PRESS

理工经管·品牌保证

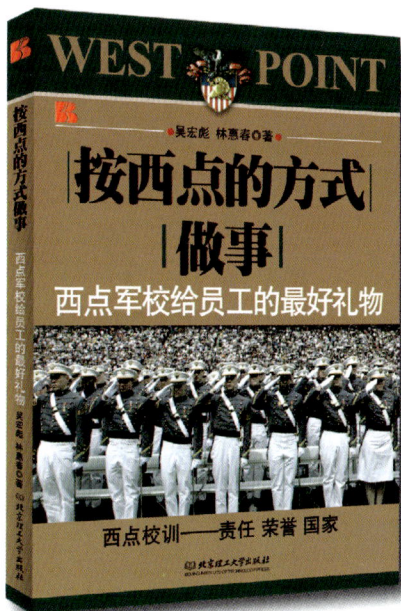

WEST POINT

按西点的方式做事
西点军校给员工的最好礼物
西点校训——责任 荣誉 国家

作者：吴宏彪　林惠春
定价：29.80元

内容简介

　　美国西点军校闻名世界，两百多年来培育出众多的杰出人物，其核心精神值得我们深思和学习。公司员工需要学习西点的什么精神？本书深度挖掘西点军校做事的核心精神，令人受益匪浅。

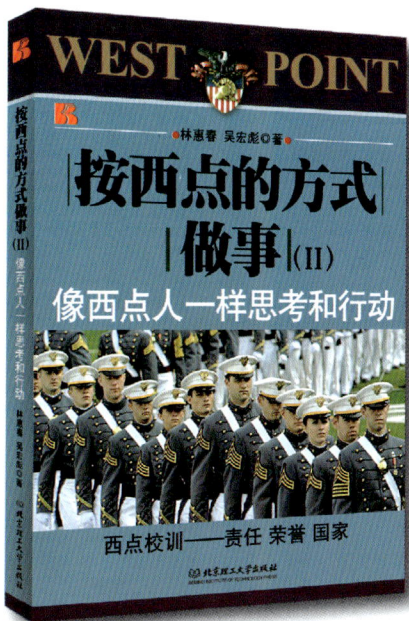

WEST POINT

按西点的方式做事（II）
像西点人一样思考和行动
西点校训——责任 荣誉 国家

作者：林惠春　吴宏彪
定价：36.00元

内容简介

　　西点军校培养的是克服困难的激情与毅力、不屈不挠的斗志、善于合作的团队精神、服从大局的责任意识和牺牲精神等。本书将为您一一呈现这些作为优秀管理者和员工所应该具备的综合素质。

作者：刘寿红
定价：29.80元

内容简介

　　本书明确地指出了员工如何树立正确的工作理念，以及如何磨炼自己的方法，即把工作看作是积极自我修炼、完善与积累的一个过程，因为只有修炼好"内功"，并善于抓住合适的机会，成功才能水到渠成。

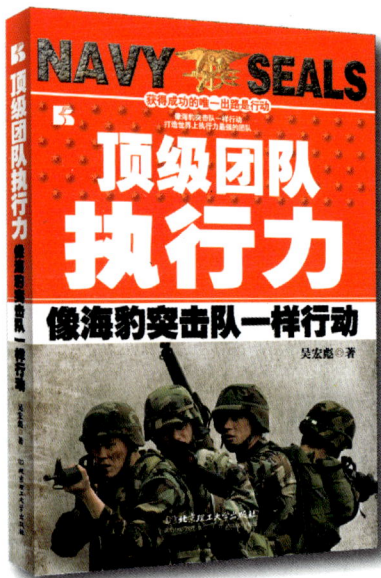

作者：吴宏彪
定价：29.80元

内容简介

　　美国海豹突击队是具有顶级高效执行力的团队。本书以美国海豹突击队作为引子，联系古今中外一些著名团队的成功案例，来说明高效执行力对于一个组织、一个企业、一个军队、一个国家所起的重大作用，并给管理者以启示。

www.bitpress.com.cn

发行部：李　征　010-68944437　　13911330610
销售部：张　萌　010-68944453　　13511064130